ALFONS SCHUHBECK

Braten, Ente, Gans & Pute

Genehmigte Sonderausgabe für die Verlagsgruppe
Weltbild GmbH, Steinerne Furt, 86167 Augsburg

Copyright ©   2010 by Verlag Zabert Sandmann GmbH, München

Grafische Gestaltung   Georg Feigl
Umschlaggestaltung   Atelier Seidel, Verlagsgrafik – Maria Seidel, Teising
Fotografie   siehe Bildnachweis (Seite 88)
Redaktion   Edelgard Prinz-Korte
Herstellung   Karin Mayer, Peter Karg-Cordes
Lithografie   Christine Rühmer

Printed in Germany

ISBN 978-3-8289-1431-5

Einkaufen im Internet: *www.weltbild.de*

ALFONS SCHUHBECK

Braten, Ente, Gans & Pute

Weltbild

Inhalt

Wie im Schlaraffenland…

… können sich Gäste fühlen, wenn ihnen ein saftiger Braten mit einer reschen Kruste aufgetischt wird. Sobald verlockender Bratenduft die Küche erfüllt, werden nicht nur Kindheitserinnerungen an Omas Sonntagsbraten wach, sondern immer auch alle Sinne geweckt und der Appetit angeregt. Und gibt es etwas Schöneres für einen Gastgeber als den Moment, wenn die Gäste die rundum gelungene Delikatesse zu genießen wissen? Dann hat sich die Mühe des stundenlangen Garens gelohnt.

Ich habe für Sie meine Lieblingsrezepte für einen guten Braten zusammengestellt. Aber egal, ob Sie sich für ein Gericht mit Geflügel, Schwein, Kalb, Rind, Lamm oder Wild entscheiden: Damit der Braten auch hält, was der Duft versprochen hat, kommt es nicht nur auf das Rezept an – für den perfekten Genuss braucht man immer auch frische und qualitativ hochwertige Zutaten. Lassen Sie sich von meinen Rezepten inspirieren und versammeln Sie mal wieder Freunde oder die Familie um Ihren Tisch: Anlässe dafür gibt es ja das ganze Jahr über genug!

Viel Spaß beim Kochen und gutes Gelingen!

Ihr Alfons Schuhbeck

Zitronenhähnchen

Zutaten für 4 Personen
Für das Hähnchen:
1 Masthähnchen
(1,8–2 kg; küchenfertig)
Salz · Pfeffer aus der Mühle
1 Knoblauchzehe
1 Rosmarinzweig
1 Streifen unbehandelte
Zitronenschale
200 ml Geflügelbrühe
3 EL Olivenöl · Saft von 1/2 Zitrone
1 Lorbeerblatt

Für das Gewürzöl:
1/2 rote Chilischote
1 Knoblauchzehe · 5 EL Olivenöl
1 EL gehackter Rosmarin
Saft von 1/2 Zitrone
abgeriebene Schale von
1 unbehandelten Zitrone
Salz · Pfeffer aus der Mühle

1 Für das Hähnchen den Backofen auf 160 °C vorheizen. Das Hähnchen innen und außen waschen, trocken tupfen und mit Salz und Pfeffer würzen. Den Knoblauch schälen und halbieren. Mit dem Rosmarin und der Zitronenschale in die Bauchhöhle des Hähnchens geben.

2 Die Brühe mit dem Olivenöl und dem Zitronensaft in einen Bräter geben und das Lorbeerblatt hinzufügen. Das Hähnchen in den Bräter setzen und mit etwas Brühe begießen. Im vorgeheizten Ofen auf der untersten Schiene etwa 2 Stunden garen, dabei gelegentlich mit dem Bratfond begießen.

3 Für das Gewürzöl die Chilischote entkernen, waschen und klein hacken. Den Knoblauch schälen und fein hacken. Das Olivenöl mit Chilischote, Knoblauch, Rosmarin, Zitronensaft und -schale vermischen und mit Salz und Pfeffer würzen.

4 Die Ofentemperatur auf 200 °C erhöhen und das Hähnchen weitere 15 bis 20 Minuten garen. 10 Minuten vor Ende der Garzeit das Hähnchen mit dem Gewürzöl bestreichen.

5 Das Hähnchen tranchieren, auf vorgewärmten Tellern anrichten und mit dem restlichen Gewürzöl beträufeln. Dazu schmecken ein gemischter Salat und Rosmarinkartoffeln.

Tipp

Damit das Hähnchen einen noch kräftigeren Zitronengeschmack bekommt, kann man es unter der Haut mit Zitronenöl bestreichen. Dafür 2 bis 3 EL Olivenöl mit etwas abgeriebener unbehandelter Zitronenschale, Salz und Pfeffer verrühren. Mithilfe eines Esslöffelstiels die Brusthaut vom Hals her vom Fleisch lösen. Das Zitronenöl auf das Brustfleisch streichen, die Haut straff darüberziehen und das Hähnchen wie oben beschrieben weiterverarbeiten.

Hähnchenbrust mit Limettenspinat

Zutaten für 4 Personen
Für die Hähnchenbrust:

4 Hähnchenbrustfilets
(à ca. 120 g; ohne Haut)
1–2 EL Öl
1/8 l Geflügelbrühe
Salz · Pfeffer aus der Mühle

Für den Spinat:

400 g Blattspinat (tiefgekühlt)
1/4 l Gemüsebrühe
1/2 geschälte Knoblauchzehe
1 Scheibe Ingwer
1 EL Butter
1 TL abgeriebene unbehandelte
Limettenschale
Salz · Pfeffer aus der Mühle
frisch geriebene Muskatnuss

Für die Sauce:

2 TL Puderzucker
je 1/8 l Prosecco und
Geflügelbrühe
1/2 Lorbeerblatt
5 schwarze Pfefferkörner
100 g Sahne
Salz · Cayennepfeffer
1 Streifen unbehandelte
Limettenschale
2 EL kalte Butter

1 Die Hähnchenbrustfilets waschen und trocken tupfen. Für den Spinat den Blattspinat nach Packungsanweisung auftauen lassen.

2 Für die Sauce den Puderzucker in einem Topf bei schwacher Hitze karamellisieren, den Prosecco dazugeben und auf ein Drittel einkochen lassen. Die Brühe dazugießen, Lorbeerblatt und Pfefferkörner hinzufügen und erneut auf ein Drittel einkochen lassen. Die Sahne dazugeben, mit Salz und 1 Prise Cayennepfeffer abschmecken, die Limettenschale dazugeben und einige Minuten darin ziehen lassen. Die Sauce durch ein Sieb gießen und die Butter untermixen.

3 Für den Spinat die Blätter mit den Händen gut ausdrücken und etwas auseinanderpflücken. In einer Pfanne die Brühe erhitzen. Spinat, Knoblauch und Ingwer dazugeben. Die Butter und die Limettenschale hinzufügen, mit Salz, Pfeffer und 1 Prise Muskatnuss würzen. Knoblauch und Ingwer wieder entfernen.

4 Für die Hähnchenbrust das Öl in einer Pfanne heiß werden lassen und das Fleisch darin auf beiden Seiten anbraten. Die Brühe dazugeben, einen Deckel daraufsetzen und die Hähnchenbrust knapp unter dem Siedepunkt etwa 10 Minuten ziehen lassen. Mit Salz und Pfeffer würzen.

5 Zum Servieren die Hähnchenbrust schräg in Scheiben schneiden und mit dem Limettenspinat auf vorgewärmten Tellern anrichten. Die Proseccosauce mit dem Stabmixer aufschäumen und darüber verteilen.

Tipp

Wenn die Sauce etwas sämiger sein soll, rühren Sie etwa 1 TL Speisestärke mit kaltem Wasser an und geben sie zur Sauce. Noch einmal kurz aufkochen lassen.

Hähnchenbrust auf Pesto-Risotto

1 Für die Hähnchenbrust den Backofen auf 100°C vorheizen, ein Ofengitter auf die mittlere Schiene und darunter ein Abtropfblech schieben.

2 Die Hähnchenbrustfilets waschen und trocken tupfen. Die Haut der Hähnchenbrust auf einer Seite vorsichtig anheben, die Kräuterblätter darunterschieben und die Haut straff darüberziehen. Die Hähnchenbrust-filets mit Salz und Pfeffer würzen und auf der Hautseite in einer Pfanne im Öl bei milder Hitze 5 bis 6 Minuten kross anbraten. Die Pfanne vom Herd nehmen, die Hähnchenbrüste wenden, noch kurz in der Resthitze ziehen lassen und dann auf dem Gitter im vorgeheizten Ofen 15 bis 20 Minuten fertig garen.

3 Für den Risotto die Zwiebel schälen und in kleine Würfel schneiden. In einem Topf im Olivenöl bei mittlerer Hitze glasig dünsten. Den Reis hinzufügen und ebenfalls glasig dünsten. Das Lorbeerblatt dazugeben, mit Wein ablöschen und vollständig einkochen lassen. Etwas heiße Brühe angießen und ebenfalls einkochen lassen. Unter ständigem Rühren immer wieder etwas Brühe angießen und bei milder Hitze reduzieren lassen, bis die Reiskörner weich sind, aber noch Biss haben.

4 Nach 10 Minuten Knoblauch, Ingwer und Zitronenschale zum Risotto geben. Sobald der Reis gar ist, Knoblauch, Ingwer und Zitronenschale wieder entfernen. Den Risotto mit Salz, Cayennepfeffer und Muskatnuss würzen, das Pesto und den Parmesan untermischen.

5 Den Pesto-Risotto auf vorgewärmte Teller verteilen. Die Hähnchenbrust in Scheiben schneiden und daneben anrichten.

Zutaten für 4 Personen
Für die Hähnchenbrust:

4 Hähnchenbrustfilets
(à ca. 150 g; mit Haut)
12 schöne Kräuterblätter
(z.B. Petersilie oder Basilikum)
Salz · Pfeffer aus der Mühle
2 EL Öl

Für den Risotto:

1 Zwiebel · 2 EL Olivenöl
300 g Risottoreis (z.B. Arborio
oder Vialone nano)
1 kleines Lorbeerblatt
80 ml Weißwein
ca. 3/4 l heiße Geflügelbrühe
1/2 Knoblauchzehe (geschält)
1 Scheibe Ingwer
1 Streifen unbehandelte
Zitronenschale
Salz · Cayennepfeffer
frisch geriebene Muskatnuss
3 EL Pesto
2 EL frisch geriebener Parmesan

Tipp

Den Risotto sollten Sie wirklich nur bei milder Hitze garen, damit die Flüssigkeit zwar nach und nach von den Reiskörnern aufgenommen wird, aber nicht zu stark verdampft und der Geschmack dadurch zu intensiv wird. Pesto und Parmesan erst am Ende der Garzeit dazugeben und den Risotto nicht mehr kochen lassen. So bleibt das Pesto schön grün und der Parmesan klumpt nicht.

Huhn aus dem Pfeffertopf

Zutaten für 4 Personen
Für das Huhn:
1 Zwiebel · 4 Hähnchenkeulen
(küchenfertig) · Salz
1 EL schwarze Pfefferkörner
3 cl ital. Weinbrand
(z. B. Vecchia Romagna)
100 ml Olivenöl
200 ml Weißwein
200 ml Geflügelbrühe
1 Rosmarinzweig
2 cm Zimtrinde
1 kleines Lorbeerblatt
2 Scheiben Knoblauch
1 Streifen unbehandelte
Zitronenschale · 3 Pimentkörner

Für das Gemüse:
500 g kleine festkochende
Kartoffeln · 5 EL Olivenöl
2–3 Knoblauchzehen
einige Thymianblättchen
grobes Meersalz
1 rote Chilischote
400 g kleine Fenchelknollen · Salz
1 EL Butter
1 Streifen unbehandelte
Orangenschale · Cayennepfeffer
Fenchelsamen aus der Mühle

1 Für das Huhn die Zwiebel schälen und in 1 cm große Würfel schneiden. Die Haut von den Hähnchenkeulen ablösen und die Keulen salzen.

2 Die Pfefferkörner im Mörser grob zerstoßen, in einem feinen Sieb den Staub absieben und den Pfefferschrot in einer Pfanne bei milder Hitze anrösten. Den Weinbrand hinzufügen und flambieren. 1 EL Olivenöl dazugeben und die Hähnchenkeulen darin von beiden Seiten anbraten. Die Zwiebelwürfel hinzufügen und den Wein und die Brühe angießen. Rosmarin, Zimt, Lorbeerblatt, Knoblauch, Zitronenschale und Piment in die Pfanne geben und die Keulen zugedeckt knapp unter dem Siedepunkt 20 Minuten garen.

3 Die Keulen aus der Pfanne nehmen. Den Sud noch etwas einkochen lassen und durch ein Sieb gießen. Das restliche Olivenöl mit dem Stabmixer unterrühren. Die Sauce mit Salz würzen, die Keulen wieder dazugeben und warm halten.

4 Für das Gemüse den Backofen auf 180°C vorheizen. Die Kartoffeln schälen, waschen, halbieren, mit dem Olivenöl mischen und auf einem Backblech verteilen. Den ungeschälten Knoblauch andrücken und mit dem Thymian zu den Kartoffeln geben. Die Kartoffeln mit Meersalz bestreuen und im vorgeheizten Ofen etwa 30 Minuten garen. Die Chilischote längs halbieren, entkernen, waschen und quer in Streifen schneiden. Die Chilistreifen 5 Minuten vor Ende der Garzeit über die Kartoffeln streuen.

5 Die Fenchelknollen putzen, waschen und längs halbieren. In Salzwasser blanchieren, kalt abschrecken und auf einem Sieb abtropfen lassen. Die Butter in einer Pfanne bei milder Hitze schmelzen lassen und den Fenchel mit der Orangenschale darin erhitzen. Mit Salz und Cayennepfeffer würzen. Die Ofenkartoffeln hinzufügen und das Gemüse mit frisch gemahlenen Fenchelsamen würzen. Die Orangenschale wieder entfernen.

6 Die Hähnchenkeulen mit dem Kartoffel-Fenchel-Gemüse und der Sauce auf vorgewärmten Tellern anrichten.

Rotweinhuhn mit Perlzwiebeln

Zutaten für 4 Personen
Für das Huhn:
4 Hähnchenkeulen
(à ca. 250 g; küchenfertig)
2 Zwiebeln
1 kleine Karotte
120 g Knollensellerie
1–2 EL Öl
1 TL Puderzucker
1 EL Tomatenmark
4 cl Cognac
½ l kräftiger Rotwein
550 ml Geflügelbrühe
½ TL Pimentkörner
1 TL schwarze Pfefferkörner
1 EL getrocknete Champignons
1 Lorbeerblatt
1 EL Speisestärke
1 Thymianzweig
2 Scheiben Knoblauch
1 Streifen unbehandelte
Zitronenschale
2 EL kalte Butter
Salz · Pfeffer aus der Mühle

Für das Gemüse:
150 g Perlzwiebeln
1 EL Butter
50 ml Geflügelbrühe
150 g Champignons oder
Egerlinge · ½ EL Öl

1 Für das Rotweinhuhn die Hähnchenkeulen von der Haut befreien, am Gelenk halbieren, waschen und trocken tupfen. Die Zwiebeln, die Karotte und den Knollensellerie schälen und in ½ bis 1 cm große Würfel schneiden.

2 Das Öl in einem großen Topf erhitzen und die Hähnchenteile darin bei mittlerer Hitze rundum kräftig anbraten, dann herausnehmen. Den Puderzucker in den Topf stäuben und hell karamellisieren. Das Tomatenmark hinzufügen und kurz anrösten. Die Gemüsewürfel dazugeben und einige Minuten andünsten, mit dem Cognac ablöschen. Nach und nach mit je einem Drittel Rotwein ablöschen und jeweils einköcheln lassen. Die angebratenen Hähnchenteile wieder dazugeben, die Brühe angießen und einen Deckel so auflegen, dass ein Spalt offen bleibt. Die Hähnchenkeulen knapp unter dem Siedepunkt etwa 35 Minuten schmoren lassen. Piment, Pfefferkörner und getrocknete Champignons in ein Gewürzsäckchen füllen und nach 15 Minuten mit dem Lorbeerblatt in die Schmorsauce geben.

3 Die Hähnchenteile mit dem Gewürzsäckchen aus dem Topf nehmen, die Hähnchenteile beiseitelegen. Die Sauce um etwa ein Drittel einköcheln lassen. Die Speisestärke mit wenig kaltem Wasser glatt rühren, unter die leicht kochende Sauce rühren und 2 Minuten köcheln lassen. Thymian, Knoblauch und Zitronenschale dazugeben, einige Minuten darin ziehen lassen und wieder entfernen. Die Schmorsauce durch ein Sieb in einen Topf streichen, das Gemüse dabei etwas ausdrücken. Die Butter unter die Sauce rühren, mit Salz und Pfeffer abschmecken. Die Hähnchenkeulen wieder in die Sauce geben und darin warm halten.

4 Für das Gemüse die Perlzwiebeln schälen. Die Butter in einem kleinen Topf zerlassen und die Perlzwiebeln darin bei milder Hitze glasig dünsten. Die Brühe hinzufügen und das Gemüse zugedeckt etwa 10 Minuten weich dünsten, die Flüssigkeit sollte dabei weitgehend verdampfen.

5 Die Champignons putzen, trocken abreiben und halbieren. Das Öl in einer großen Pfanne erhitzen und die Pilze darin bei mittlerer Hitze 1 Minute anbraten. Die Perlzwiebeln und die Champignons zu den geschmorten Hähnchenkeulen in die Sauce geben.

Hähnchenkeulen in Tomatensauce

1 Die Hähnchenkeulen von der Haut befreien, entbeinen und in 3 Teile schneiden. In einem Schmortopf im Öl bei milder Hitze von allen Seiten fast farblos anbraten und herausnehmen. Den Bratensatz mit dem Weißwein ablöschen, das Tomatenmark unterrühren und sämig einköcheln lassen. Die Geflügelbrühe dazugießen, das Lorbeerblatt und das Fleisch hineinlegen. Den Deckel so auflegen, dass noch ein Spalt offen bleibt, und das Fleisch etwa 30 Minuten saftig durchgaren.

2 Den Stielansatz der Tomaten entfernen, die Tomaten kreuzweise einritzen und 20 Sekunden in kochendes Wasser tauchen. Kalt abschrecken, häuten, vierteln, entkernen und in kleine Würfel schneiden. Die Champignons putzen und trocken abreiben. Den Knoblauch schälen und hacken.

3 Das Lorbeerblatt entfernen, die Tomaten, die Champignons, die Oliven und den Knoblauch zum Hähnchenfleisch in die Sauce geben und 2 bis 3 Minuten mitdünsten. Das Fleisch mit Salz, Pfeffer und je 1 Prise Oregano und Zucker würzen. Zuletzt die Petersilie unterrühren. Dazu passt Baguette oder Ciabatta.

Zutaten für 4 Personen

4 Hähnchenkeulen
(à ca. 250 g; küchenfertig)
1–2 EL Öl
80 ml Weißwein
1 EL Tomatenmark
300 ml Geflügelbrühe
1 Lorbeerblatt
4 Tomaten
80 g kleine Champignons
½ Knoblauchzehe
60 g schwarze Oliven (ohne Stein)
Salz · Pfeffer aus der Mühle
getrockneter Oregano · Zucker
1 EL gehackte Petersilie

Tipp

Wenn keine frischen Tomaten erhältlich sind, können Sie auch Tomaten aus der Dose verwenden. Dann die Tomaten mit der Brühe dazugeben und mitköcheln lassen.

Hähnchenkeulen in Chili-Zitronen-Sauce

Zutaten für 4 Personen

1 Zwiebel
4 Hähnchenkeulen
(küchenfertig)
100 ml Olivenöl
150 ml Weißwein
200 ml Geflügelbrühe
1 rote Chilischote
400 g kleine festkochende
Kartoffeln
1 kleines Lorbeerblatt
abgeriebene Schale von
1 unbehandelten Zitrone
1 Knoblauchzehe
(geschält und halbiert)
1 Scheibe Ingwer
1 Thymianzweig
Salz

1 Die Zwiebel schälen und in 1 cm dicke Scheiben schneiden. Die Hähnchenkeulen von der Haut befreien und am Gelenk halbieren.

2 In einem Topf 1 EL Olivenöl erhitzen, die Hähnchenkeulen darin bei mittlerer Hitze rundum anbraten und herausnehmen. Die Zwiebeln in den Topf geben und glasig andünsten. Den Weißwein hinzufügen und auf ein Drittel einköcheln lassen. Die Geflügelbrühe angießen, die Hähnchenkeulen hineingeben und zugedeckt knapp unter dem Siedepunkt etwa 50 Minuten ziehen lassen.

3 Die Chilischote längs halbieren, entkernen, waschen und quer in Streifen schneiden. Die Kartoffeln schälen und in ½ cm dicke Scheiben schneiden. Nach 20 Minuten Garzeit die Kartoffelscheiben mit den Chilistreifen und dem Lorbeerblatt zu den Hähnchenkeulen geben.

4 Am Ende der Garzeit den Sud vorsichtig abgießen und auffangen. Den Sud mit dem restlichen Olivenöl und der Zitronenschale mit dem Stabmixer pürieren und wieder in den Topf geben. Den Knoblauch, den Ingwer und den Thymian in die Sauce geben, 15 Minuten ziehen lassen und mit dem Lorbeerblatt wieder entfernen. Die Sauce mit Salz und nach Belieben mit etwas Cayennepfeffer abschmecken.

5 Die Hähnchenkeulen mit der Chili-Zitronen-Sauce und den Kartoffeln auf vorgewärmten Tellern anrichten und nach Belieben mit Zitronenvierteln servieren.

Tipp

Wer möchte, kann das Gericht mit eingelegten, getrockneten Tomaten variieren. Man schneidet sie in Streifen und gibt sie am Ende der Garzeit in den Sud. Statt mit Thymian kann man dann mit Rosmarin würzen.

Fasanenbrust auf Spitzkohl

Zutaten für 4 Personen
Für die Fasanenbrust:
4 Fasanenbrüste
(ohne Haut und Knochen)
Salz · Pfeffer aus der Mühle
1½ EL Öl · 20 g Butter
1 ungeschälte Knoblauchzehe
2 Thymianzweige
4 Scheiben durchwachsener Speck

Für das Gemüse:
1 EL Rosinen
2 EL Sherry (halbtrocken)
½ weiße Zwiebel
2 EL getrocknete Toten-
trompetenpilze
2 kleine Karotten
400 g Spitzkohl · 1 EL Öl
Salz · Pfeffer aus der Mühle
40 g Butter

Für die Sauce:
1 mittelscharfe rote Chilischote
80 g Aprikosenkonfitüre
2 EL Reisessig · Salz

1 Für die Fasanenbrust das Fleisch waschen, trocken tupfen und mit Salz und Pfeffer würzen. In einer Pfanne bei milder Hitze 1 EL Öl und die Butter erhitzen und die Fasanenbrüste mit dem Knoblauch und den Thymianzweigen hineingeben. Die Fasanenbrüste auf beiden Seiten insgesamt etwa 4 Minuten bei milder Hitze anbraten, herausnehmen und warm halten. Den Speck in einer Pfanne im restlichen Öl kross braten, auf Küchenpapier abtropfen lassen und in breite Stücke schneiden.

2 Für das Gemüse die Rosinen im Sherry einweichen. Die Zwiebel schälen und in feine Würfel schneiden. Die Trompetenpilze in etwas Wasser einmal aufkochen, dann kurz darin ziehen lassen, bis sie weich sind. Die Pilze abgießen und grob zerkleinern. Die Karotten schälen. Den Spitzkohl putzen, den Strunk entfernen und den Kohl in Rauten schneiden.

3 Die Zwiebelwürfel in einer Pfanne bei mittlerer Hitze im Öl glasig dünsten. Spitzkohl hinzufügen und die Karotten auf einem feinen Hobel in dünnen Scheiben darüber raspeln. Beides bissfest garen, die Trompetenpilze und die eingeweichten Rosinen mit dem Sherry hinzufügen, mit Salz und Pfeffer würzen. Die Butter hinzufügen und darin schmelzen lassen.

4 Für die Sauce die Chilischote halbieren, entkernen und in feine Streifen schneiden. Die Aprikosenkonfitüre mit 6 EL Wasser erhitzen und durch ein Sieb streichen. Den Reisessig und die Chilistreifen hineingeben, die Sauce vom Herd nehmen und mit Salz abschmecken.

5 Das Spitzkohlgemüse auf warmen Tellern verteilen, die Fasanenbrüste und Speckstücke darauf anrichten. Mit der Sauce beträufeln.

Tipp

Totentrompetenpilze, auch Herbsttrompeten genannt, sind dunkel bis schwarz und wachsen auf Laubwaldböden. Anstelle der Trompetenpilze kann man auch getrocknete Mu-Err-Pilze verwenden. Dafür die getrockneten Pilze 10 Minuten in Wasser köcheln lassen, in ein Sieb abgießen und weiterverarbeiten.

Perlhuhn im Römertopf

Zutaten für 4 Personen

Für das Perlhuhn:

1 Perlhuhn (küchenfertig)

je 1 unbehandelte Zitrone und Orange

grobes Meersalz

Pfeffer aus der Mühle

1 Rosmarinzweig

7 Knoblauchzehen (geschält)

2 große Zwiebeln

2 dünne Karotten

1 Stange Staudensellerie

1–2 EL Olivenöl

4 cl Marsala (ital. Dessertwein)

70 ml Weißwein

2 Lorbeerblätter

1 TL Senfkörner

½ TL Korianderkörner

60 g flüssige Butter

Zum Fertigstellen:

10 g schwarze Trüffel

1 EL Walnussöl

1 TL Butter

2–3 getrocknete Feigen

Pfeffer aus der Mühle

1 Für das Perlhuhn den Römertopf 10 Minuten in Wasser legen. Das Perlhuhn innen und außen waschen und trocken tupfen. Die Zitrone und die Orange heiß waschen, trocken reiben und vierteln. Mit Meersalz, Pfeffer, Rosmarin und 2 Knoblauchzehen mischen und das Perlhuhn damit füllen.

2 Die Zwiebeln schälen und in 1 bis 1½ cm dicke Scheiben schneiden. Die Karotten schälen und schräg in Scheiben schneiden. Den Staudensellerie putzen, waschen und ebenfalls schräg in Scheiben schneiden. Alle Gemüsesorten in einer Pfanne im Olivenöl glasig andünsten, mit dem Marsala und dem Weißwein ablöschen.

3 Das Gemüse samt Flüssigkeit in den Römertopf füllen und das Perlhuhn daraufsetzen. Die Backofentemperatur auf 180 °C einstellen. Das Perlhuhn auf der mittleren Schiene im Ofen 1 Stunde garen. Den Deckel abnehmen, Lorbeerblätter, restlichen Knoblauch, Senf- und Korianderkörner hinzufügen. Das Perlhuhn mit der flüssigen Butter bestreichen und weitere 45 Minuten garen, dabei mehrmals mit Butter bestreichen.

4 Zum Fertigstellen den Trüffel unter fließendem kaltem Wasser abbürsten und in dünne Scheiben hobeln. In einer Pfanne im Walnussöl bei sehr milder Hitze kurz anbraten und die Butter dazugeben. Die Feigen klein schneiden und mit den Trüffelscheiben zum Schmorgemüse geben, Pfeffer grob darübermahlen. Keulen und Brüste des Perlhuhns auslösen, mit dem Schmorgemüse und der Sauce auf vorgewärmten Tellern anrichten.

Tipp

Der Römertopf wird in den kalten Backofen gestellt, weil er sich nur langsam aufheizen sollte. Wer das Perlhuhn in einem herkömmlichen Schmortopf zubereiten möchte, brät es offen etwa 1 Stunde im auf 160 °C vorgeheizten Backofen. Damit die Haut goldbraun und knusprig wird, sollte man die Backofentemperatur in den letzten 15 Minuten auf etwa 200 °C erhöhen.

Gefülltes Perlhuhn

Zutaten für 4 Personen

1 Perlhuhn
(ca. 1,2 kg; ohne Flügel)
Salz · Chilipulver
120 g Laugenstange (ohne Salz)
1 EL getrocknete Toten-
trompetenpilze
ca. 50 g Hinterschinken
ca. 120 ml lauwarme Milch · 1 Ei
frisch geriebene Muskatnuss
etwas abgeriebene unbehandelte
Zitronenschale
2 EL gehackte Petersilie
100 g Kalbsbrät (vom Metzger)
1–2 EL Sahne
1–2 Zwiebeln · 1/2 Karotte
80 g Knollensellerie
2 EL Öl
ca. 300 ml Geflügelbrühe
1 Rosmarinzweig
2 Lorbeerblätter
1 Knoblauchzehe (in Scheiben)
3 Scheiben Ingwer
Pfeffer aus der Mühle

1 Das Huhn waschen, trocken tupfen, mit dem Rücken nach oben auf die Arbeitsfläche legen. Entlang des Rückgrats mit einem scharfen Messer einschneiden. Dabei das Fleisch von der Karkasse und die Keulen aus den Gelenken lösen. Die andere Seite ebenso auslösen. Mit dem Messer innen am Brustbein entlangfahren, dabei die Haut nicht verletzen. Die Karkasse auslösen. Das Huhn innen mit Salz und Chili würzen. Die Karkasse hacken, waschen und im 200 °C heißen Ofen 15 bis 20 Minuten rösten.

2 Für die Füllung die Laugenstange in Würfel schneiden. Die Trompetenpilze in etwas Wasser einmal aufkochen, dann kurz darin ziehen lassen, bis sie weich sind. Die Pilze abgießen und klein schneiden. Den Schinken in Würfel schneiden. Milch und Ei verquirlen. Mit Salz, Chili, Muskatnuss und Zitronenschale würzen. Über die Laugenwürfel gießen und die Petersilie unterrühren. Das Brät mit der Sahne verrühren. Unter die Füllung mischen und Pilze und Schinken unterrühren. 10 Minuten ziehen lassen.

3 Die Füllung längs in der Mitte auf dem Huhn verteilen, das Fleisch darüber zusammenklappen, die Enden dabei etwas überlappen. Mit Rouladennadeln der Länge nach feststecken und das Perlhuhn auf den Rücken drehen. In die ursprüngliche Form bringen.

4 Den Backofen auf 150 °C vorheizen. Das Gemüse schälen und in Rauten oder Würfel schneiden. Gemüse und Knochen in der Bratreine im Öl 2 bis 3 Minuten anbraten, das Huhn daraufsetzen und die Unterschenkel mit Küchengarn zusammenbinden. Die Brühe angießen.

5 Das Perlhuhn im Ofen auf der mittleren Schiene 50 bis 60 Minuten garen. Nach 20 Minuten die ganzen Gewürze dazugeben. Das Huhn aus dem Bräter nehmen, die Nadeln und das Küchengarn entfernen. Die Sauce durch ein Sieb gießen und etwas einköcheln lassen. Mit Salz und Pfeffer würzen. Das Perlhuhn in Scheiben schneiden und mit der Sauce servieren.

Tipp

Für die Füllung kann man statt Schinken auch Hähnchenbrust verwenden. Statt Perlhuhn können Sie auch Poularde oder Maishähnchen mit der Füllung zubereiten.

Pute im Ganzen gebraten

Zutaten für 4–6 Personen

Für die Sauce:

2 Zwiebeln · 1 Karotte

150 g Knollensellerie · 1 EL Öl

1–2 TL Puderzucker

1/2–1 EL Tomatenmark

1/4 l kräftiger Rotwein

3/4 l Geflügelbrühe

1 Lorbeerblatt

1/2–1 TL Speisestärke

1 Knoblauchzehe

(geschält und halbiert)

1 Scheibe Ingwer

1 Streifen unbehandelte

Zitronenschale

1 Rosmarinzweig

10 g kalte Butter

Für die Pute:

1 Zwiebel · 1 EL Öl

120 gekochter Hinterschinken

1 Apfel · 2 Karotten

300 g Weißbrot (vom Vortag)

350 ml Milch · 4 Eier

Salz · Pfeffer aus der Mühle

frisch geriebene Muskatnuss

50 g Hartweizengrieß

150 g Maiskörner (aus der Dose)

50 g Rosinen

1 kleine Pute (ca. 3 kg;

küchenfertig)

100 g flüssige Butter

1 Für die Sauce die Zwiebeln, die Karotte und den Knollensellerie schälen und in knapp 1 cm große Würfel schneiden. Das Öl in einer Pfanne erhitzen und das Gemüse darin andünsten.

2 Den Puderzucker in einem Topf bei milder Hitze karamellisieren. Das Tomatenmark unterrühren und kurz anrösten. Mit der Hälfte des Rotweins ablöschen. Sirupartig einköcheln lassen und den Vorgang mit dem restlichen Wein wiederholen. Die Brühe dazugießen und die Flüssigkeit in einen großen Bräter oder in ein tiefes Backblech umfüllen. Die Gemüsewürfel dazugeben. Den Backofen auf 150°C vorheizen.

3 Für die Pute die Zwiebel schälen und in kleine Würfel schneiden. Im Öl glasig dünsten. Den Schinken in kleine Würfel schneiden. Den Apfel schälen, vierteln, entkernen und in kleine Würfel schneiden. Karotten putzen, schälen und in kleine Würfel schneiden. Das Weißbrot ebenfalls in kleine Würfel schneiden. Die Milch erhitzen und die Eier darin verquirlen. Mit Salz, Pfeffer und Muskatnuss würzen. Brotwürfel darin einweichen. Zwiebel-, Schinken-, Apfel- und Karottenwürfel sowie Grieß, Maiskörner und Rosinen untermischen. Die Füllung erneut abschmecken und 10 Minuten ziehen lassen.

4 Die Pute innen und außen waschen, trocken tupfen und innen mit Salz würzen. Die Bauchhöhle mit der Weißbrotmasse füllen und mit Holzspießen oder Rouladennadeln verschließen. Die Keulen zusammenbinden und die Pute mit der Bauchseite auf Sauce und Gemüse legen. Die flüssige Butter salzen und die Pute damit einpinseln. Im Backofen auf der untersten Schiene 4 1/2 bis 5 Stunden garen, dabei öfter mit der Butter bepinseln. 15 Minuten vor Ende der Garzeit das Lorbeerblatt dazugeben.

5 Die Pute herausnehmen und warm stellen. Die Sauce durch ein Sieb in einen Topf gießen, dabei das Gemüse etwas ausdrücken. Die Sauce erhitzen. Die Speisestärke mit wenig kaltem Wasser glatt rühren, unter die Sauce rühren und 2 Minuten leicht köcheln lassen. Knoblauch, Ingwer, Zitronenschale und Rosmarin dazugeben, einige Minuten darin ziehen lassen und mit dem Lorbeerblatt wieder entfernen. Die Butter unterrühren und die Sauce mit Salz und Pfeffer würzen. Die Pute tranchieren und mit der Sauce und nach Belieben mit Blaukraut und Knödeln servieren.

Geschmorte Putenkeulen

1 Die Putenkeulen waschen und trocken tupfen. Die Schalotten schälen und halbieren. Die Kartoffeln schälen, waschen und in ½ cm dicke Scheiben schneiden. Die Paprikaschoten längs halbieren, entkernen, waschen und quer in etwa 1½ cm große Stücke schneiden.

2 In einem Topf 1 bis 2 EL Olivenöl erhitzen, die Putenkeulen darin bei mittlerer Hitze rundum anbraten und herausnehmen. Die Schalotten in den Topf geben und glasig dünsten. Den Weißwein angießen, auf die Hälfte einköcheln lassen und die Brühe hinzufügen.

3 Die Putenkeulen in den Topf geben und zugedeckt knapp unter dem Siedepunkt 1½ bis 2 Stunden garen. Die Kartoffeln nach 30 Minuten Garzeit dazugeben und mitgaren. Die Paprikastücke, Chilischoten und das Lorbeerblatt nach weiteren 45 Minuten Garzeit in den Sud geben.

4 Den Backofengrill einschalten. Die Putenkeulen aus dem Garsud nehmen, auf ein geöltes Backblech legen und im Ofen auf der untersten Schiene 5 bis 10 Minuten goldbraun und knusprig braten.

5 Den Garsud durch ein Sieb in einen hohen Rührbecher gießen. Das restliche Olivenöl mit der Zitronenschale dazugeben und mit dem Stabmixer unter den Sud rühren.

6 Den Sud und das Gemüse zurück in den Topf geben. Knoblauch, Ingwer und Thymian hinzufügen, 5 Minuten darin ziehen lassen und mit dem Lorbeerblatt und den Chilischoten wieder entfernen. Mit Salz abschmecken und Pfeffer grob darübermahlen.

7 Die Putenkeulen aufschneiden und mit dem Gemüse und der Schmorsauce auf vorgewärmten Tellern anrichten.

Zutaten für 4 Personen

2 Putenoberkeulen (à ca. 500 g; mit Haut)
150 g Schalotten
500 g kleine festkochende Kartoffeln
2 rote Spitzpaprikaschoten
100 ml Olivenöl
150 ml trockener Weißwein
200 ml Geflügelbrühe
2 kleine getrocknete Chilischoten
1 kleines Lorbeerblatt
Öl für das Blech
abgeriebene Schale von 1 unbehandelten Zitrone
1 Knoblauchzehe (geschält und halbiert)
1 Scheibe Ingwer
1 Thymianzweig
Salz · Pfeffer aus der Mühle

Tipp

Wie scharf Chilischoten wirklich sind, lässt sich nie ganz sicher voraussagen. Für kontrollierte Schärfe verwende ich deshalb anstatt Chilischoten Cayennepfeffer. Diesen gebe ich erst zum Schluss mit dem Salz an das Gericht.

Kross gebratene Bauernente

Für die Ente:

1 Bauernente
(ca. 2½ kg; küchenfertig)
Salz · Pfeffer aus der Mühle
je ½ Apfel und Zwiebel
Öl für das Blech

Für die Sauce:

2 Zwiebeln
1 Karotte
150 g Knollensellerie
1–2 EL Öl
1 TL Puderzucker
1 TL Tomatenmark
400 ml Rotwein
½ l Geflügelbrühe
½ TL getrockneter Majoran
2 Scheiben Knoblauch
2 Scheiben Ingwer
1 Streifen unbehandelte
Orangenschale
Salz · 3 EL kalte Butter

1 Für die Ente den Backofen auf 140°C vorheizen. Von der Ente die Flügelknochen und den Hals abschneiden und beiseitelegen. Die Ente innen und außen waschen, trocken tupfen und mit Salz und Pfeffer würzen. Apfel und Zwiebel schälen und in Würfel schneiden. Die Bauchhöhle mit den Apfel- und Zwiebelwürfeln füllen und mit Holzspießen verschließen. Die Ente in einen Bräter setzen und ½ l Wasser dazugießen. Im Backofen auf der untersten Schiene etwa 3½ Stunden garen, dabei austretendes Fett zwischendurch abschöpfen und beiseitestellen. Falls zu viel Flüssigkeit verdampft, etwas Wasser dazugeben.

2 Von der Ente Brüste und Keulen entlang der Karkasse auslösen, aus den Keulen den Oberschenkelknochen entfernen. Die Füllung aus der Bauchhöhle entfernen. Fleisch und Füllung warm halten. Die Entenkarkasse mit den Flügelknochen und dem Hals klein hacken, auf ein Backblech legen und im Ofen auf der mittleren Schiene bei 220°C etwa 20 Minuten knusprig braten.

3 Für die Sauce das Gemüse schälen und in 1 bis 2 cm große Würfel schneiden. Das Öl in einer Pfanne erhitzen und das Gemüse darin andünsten. Puderzucker in einem breiten Topf bei mittlerer Hitze hell karamellisieren. Das Tomatenmark unterrühren, kurz mitrösten und mit der Hälfte des Rotweins ablöschen. Sirupartig einköcheln lassen und den Vorgang mit dem restlichen Wein wiederholen. Die Knochen und das Gemüse hinzufügen, mit der Brühe aufgießen und bei milder Hitze 30 Minuten köcheln lassen. Nach 15 Minuten die Gewürze zur Sauce geben. Die Sauce durch ein feines Sieb gießen und auf die Hälfte einköcheln lassen. Kurz vor dem Servieren die Sauce salzen und etwas Bratfett und die Butter unterrühren.

4 Den Backofengrill einschalten. Die Entenbrüste und -keulen mit der Hautseite nach oben auf ein geöltes Backblech legen und unter dem Grill auf der untersten Schiene 10 bis 15 Minuten kross braten. Mit der Sauce und der Füllung anrichten. Dazu passen Kartoffelknödel und Blaukraut.

Ente à l'orange

Zutaten für 4 Personen
¹/₂ Apfel · 2 ¹/₂ Zwiebeln
Salz · Pfeffer aus der Mühle
getrockneter Majoran
1 Bauernente
(ca. 2 ¹/₂ kg; küchenfertig)
1,3 l Geflügelbrühe
1 kleine Karotte
100 g Knollensellerie
3 TL Puderzucker
1 EL Tomatenmark
¹/₄ l Rotwein
1 EL Speisestärke
Zesten und Saft von
2 unbehandelten Orangen
etwas Zitronensaft
80 ml roter Portwein
1 Majoranzweig
2 Petersilienstiele
je 2 Scheiben Ingwer
und Knoblauch
2 Streifen unbehandelte
Orangenschale
2 EL kalte Butter
Fruchtfilets von 2 Orangen

1 Den Backofen auf 140°C vorheizen. Den Apfel waschen und entkernen, ¹/₂ Zwiebel schälen. Beides in Würfel schneiden und mit Salz, Pfeffer und 1 Prise Majoran würzen. Von der Ente die Flügelknochen abschneiden, die Ente innen und außen waschen und trocken tupfen. Die Ente mit der Zwiebel-Apfel-Mischung füllen, in einen Bräter setzen, 300 ml Brühe dazugießen. Im Backofen zugedeckt etwa 3 ¹/₂ Stunden garen. Die Haut sollte noch hell und das Fleisch weich sein. Das dabei austretende Fett zwischendurch abschöpfen und aufheben.

2 Von der Ente Brüste und Keulen entlang der Karkasse auslösen, aus den Keulen den Oberschenkelknochen entfernen. Restliche Zwiebeln, Karotte und Sellerie schälen und in 1 cm große Würfel schneiden. In einem Topf 2 TL Puderzucker hell karamellisieren, das Tomatenmark kurz mitrösten, den Wein dazugeben und einkochen lassen. Knochen, Gemüse und Füllung dazugeben, den Bratensaft der Ente sowie 900 ml Brühe dazugießen. 1 Stunde köcheln lassen, durch ein Sieb gießen und auf die Hälfte einkochen lassen. Die Speisestärke mit wenig kaltem Wasser glatt rühren, die Sauce damit binden und 2 Minuten köcheln lassen.

3 Die Orangenzesten in Wasser 2 Minuten köcheln lassen und in ein Sieb abgießen. Den restlichen Puderzucker in einer Pfanne hell karamellisieren, mit Orangen- und Zitronensaft ablösen und auf ein Drittel einkochen lassen. Portwein und Orangenzesten hinzufügen, erneut auf ein Drittel einkochen lassen. Majoran, Petersilie, Ingwer, Knoblauch und Orangenschale zur Sauce geben. Die Sauce noch kurz ziehen lassen, Petersilie und Gewürze entfernen und etwas Entenfett sowie die Butter unter die Sauce mixen. Die Orangenreduktion und die Fruchtfilets dazugeben und mit Salz abschmecken.

4 Den Backofengrill einschalten. Die Entenbrust und die -keulen mit der Hautseite nach oben auf ein Backblech legen, die restliche Brühe dazugießen und unter dem Backofengrill auf der unteren Schiene kross braten. Die Entenbrust und die -keulen mit der Orangensauce anrichten.

Geräucherte Entenbrust mit Blaukraut

1 Für das Blaukraut den Rotkohl putzen, die äußeren Blätter entfernen und den Strunk herausschneiden. Den Kohl auf dem Gemüsehobel in feine Streifen hobeln. Den Puderzucker in einem Topf hell karamellisieren, den Portwein und den Rotwein angießen und auf ein Drittel einköcheln lassen. Den Rotkohl und die Brühe hinzufügen und den Kohl zugedeckt bei milder Hitze etwa 1½ Stunden mehr ziehen als köcheln lassen, dabei gelegentlich umrühren.

2 Nach 1 Stunde das Lorbeerblatt einlegen. Den Piment, den Pfeffer und den Zimt in ein Gewürzsäckchen füllen. Das Säckchen verschließen und zu dem Blaukraut geben.

3 Am Ende der Garzeit das Apfelmus unter den Kohl rühren, Orangenschale und Ingwer einlegen, einige Minuten darin ziehen lassen und wieder entfernen. Das Lorbeerblatt und das Gewürzsäckchen ebenfalls entfernen und die Butter unterrühren. Das Blaukraut mit Salz, Zucker und Essig abschmecken.

4 Für die geräucherte Entenbrust einen Dämpf- oder Räuchertopf (mit Dämpfeinsatz und Deckel) mit Alufolie auslegen, Räuchermehl auf der Folie verteilen. Den Dämpfeinsatz leicht einölen, auf die Folie setzen, den Deckel darauflegen und den Topf bei mittlerer Temperatur erhitzen, bis leichter Rauch aufsteigt.

5 Die Entenbrüste von den Sehnen befreien und eventuell vorhandene Federkiele mit einer Pinzette herauszupfen. Die Entenbrüste waschen und trocken tupfen. Die Hautseite rautenförmig einschneiden und von beiden Seiten salzen und pfeffern.

6 Entenbrüste in einer Pfanne ohne Fett bei mittlerer Hitze auf der Hautseite 4 bis 5 Minuten kross anbraten, einmal kurz wenden, aus der Pfanne nehmen und nebeneinander mit der Hautseite nach oben auf den Dämpfeinsatz legen. Den Deckel wieder auflegen und die Entenbrüste bei milder Hitze 5 bis 10 Minuten rosa garen.

7 Entenbrüste in dünne Scheiben schneiden und sofort mit dem Blaukraut servieren. Dazu passt Kartoffelpüree, das mit Safran verfeinert ist.

Zutaten für 4–6 Personen
Für das Blaukraut:

800 g Rotkohl
1 EL Puderzucker
100 ml Portwein
200 ml kräftiger Rotwein
⅛ l Geflügelbrühe
1 Lorbeerblatt · 5 Pimentkörner
½ TL schwarze Pfefferkörner
1 Splitter Zimtrinde
2–3 EL Apfelmus
1 Streifen unbehandelte Orangenschale
1 Scheibe Ingwer
20 g kalte Butter
Salz · Zucker
1 EL milder Aceto balsamico

Für die Entenbrust:
4 EL Räuchermehl
1–2 EL Öl
2–4 Barbarie-Entenbrüste (insgesamt ca. 700 g)
Salz · Pfeffer aus der Mühle

Rosa gebratene Barbarie-Entenbrust

Zutaten für 4 Personen
Für die Ente:
2 Barbarie-Entenbrüste
(küchenfertig)
1–2 EL Olivenöl

Für das Gemüse:
2 EL getrocknete Totentrompeten
8–10 Minimöhren
120 g Zuckerschoten
2 Schwarzwurzeln · Salz
je 1 EL Anis-, Koriander-
und Senfkörner
1–2 EL Butter
1 Scheibe Ingwer
1 Knoblauchzehe
(geschält und halbiert)
70 ml Gemüsebrühe
Pfeffer aus der Mühle

Für die Honigbutter:
3 EL Butter
1 TL Kastanienhonig
1 Zacken Sternanis
1 Splitter Zimtrinde
Mark von 1/2 Vanilleschote
5 schwarze Pfefferkörner
3 Pimentkörner
je 1 Streifen unbehandelte
Zitronen- und Orangenschale
Salz · Pfeffer aus der Mühle

1 Für die Ente den Backofen auf 100°C vorheizen. Auf die mittlere Schiene ein Ofengitter und darunter ein Abtropfblech schieben. Die Entenbrüste waschen, trocken tupfen und die Haut rautenförmig bis zum Rand einschneiden. In einer Pfanne im Olivenöl auf der Hautseite bei mittlerer Hitze 6 bis 8 Minuten gleichmäßig bräunen. Kurz wenden, um die Poren zu schließen, und auf das Gitter legen. Die Entenbrüste im Ofen etwa 45 Minuten rosa garen.

2 Für das Gemüse die Totentrompeten in einem Topf in etwas Wasser aufkochen, vom Herd nehmen, 10 Minuten ziehen lassen und in ein Sieb abgießen. Die Minimöhren schälen und in etwa 2 cm große Stücke schneiden. Die Zuckerschoten putzen, waschen und schräg halbieren. Die Schwarzwurzeln unter fließendem kaltem Wasser abbürsten und schälen. Alle Gemüsesorten nacheinander in reichlich Salzwasser bissfest kochen, mit einem Schaumlöffel herausnehmen, kalt abschrecken und abtropfen lassen.

3 Die Anis-, Koriander- und Senfkörner in eine Gewürzmühle füllen. In einer großen, tiefen Pfanne die Butter schmelzen lassen, Ingwer und Knoblauch darin andünsten, das Gemüse und die Gemüsebrühe dazugeben. Mit Salz, Pfeffer und der Mischung aus der Gewürzmühle würzen.

4 Für die Honigbutter die Butter mit dem Kastanienhonig und den Gewürzen in einem Topf erwärmen. Den Backofen auf Grillfunktion umschalten und die Entenbrüste weitere 3 bis 5 Minuten kross braten. Anschließend die Haut mit der Honigbutter bestreichen und mit Salz und Pfeffer würzen. Die Entenbrüste in Scheiben schneiden, mit Salz und Pfeffer leicht würzen und mit dem Gemüse auf vorgewärmten Tellern anrichten.

Tipp

Dazu passt sehr gut eine Senfsauce: 100 ml Gemüsebrühe mit 100 g Sahne aufkochen. Je 1 bis 2 TL scharfen und süßen Senf, 1 kleines Stück Butter und 1/2 TL abgeriebene unbehandelte Zitronenschale unterrühren. Die Sauce mit Salz und Cayennepfeffer abschmecken.

Martinsgans

Zutaten für 6–8 Personen

1 Apfel · 3 Zwiebeln
Salz · Pfeffer aus der Mühle
1 TL getrockneter Majoran
1 Gans (ca. 4 1/2 kg; küchenfertig)
1,6 l Geflügelbrühe
1 Karotte
150 g Knollensellerie
2 TL Puderzucker
1 EL Tomatenmark
400 ml Rotwein
3 Petersilienstiele
je 2 Scheiben Knoblauch
und Ingwer
je 1 Streifen unbehandelte
Orangen- und Zitronenschale
2 EL kalte Butter

1 Den Apfel waschen, vierteln und entkernen. 1 Zwiebel schälen. Beides in grobe Würfel schneiden und mit Salz, Pfeffer und der Hälfte des Majorans würzen. Den Backofen auf 140 °C vorheizen. Von der Gans die Flügelknochen abschneiden, die Gans innen und außen waschen und trocken tupfen. Die Gans mit der Zwiebel-Apfel-Mischung füllen und in einen Bräter setzen. 300 ml Brühe dazugießen und die Gans im vorgeheizten Backofen zugedeckt etwa 4 1/2 Stunden garen. Die Haut sollte noch hell und das Fleisch weich sein. Das dabei austretende Fett zwischendurch abschöpfen und beiseitestellen.

2 Von der Gans Brust und Keulen auslösen, aus den Keulen den Oberschenkelknochen entfernen. Die Füllung herausnehmen. Gänsekarkassen und Flügelknochen mit einer Geflügelschere zerkleinern. Restliche Zwiebeln, Karotte und Sellerie schälen und in 1 cm große Würfel schneiden.

3 Den Puderzucker in einem Topf hell karamellisieren, das Tomatenmark kurz mitrösten, mit der Hälfte des Weins ablöschen und sämig einkochen lassen. Den restlichen Wein hinzufügen, erneut einkochen lassen. Knochen, Gemüse und die Hälfte der Füllung dazugeben, den Bratensaft der Gans sowie 1,2 l Brühe dazugießen. Knapp unter dem Siedepunkt 1 Stunde ziehen lassen, durch ein Sieb gießen und auf die Hälfte einkochen lassen. Restlichen Majoran, Petersilie, Knoblauch, Ingwer und Zitrusschalen dazugeben, einige Minuten darin ziehen lassen. Petersilie, Knoblauch, Ingwer und Zitrusschalen wieder entfernen, etwas Gänsefett und die Butter unter die Sauce mixen und mit Salz würzen.

4 Inzwischen den Backofengrill einschalten. Die Gänsebrust und die -keulen mit der Hautseite nach oben auf ein Backblech legen, die restliche Brühe dazugießen und unter dem Backofengrill auf der untersten Schiene 15 bis 20 Minuten kross braten. Mit der Sauce servieren.

Tipp

Traditionell wird in Bayern am Martinstag oder Martini (11. November) die erste Gans des Jahres zubereitet. Daher kommt vermutlich der Name.

Geschmorte Gänsekeulen

1 Von den Gänsekeulen die Haut ablösen und beiseitelegen. Keulen waschen, trocken tupfen und am Gelenk durchtrennen. Den Oberschenkelknochen auslösen und das Oberschenkelfleisch halbieren. Das Gemüse schälen und in sehr kleine Würfel schneiden.

2 Die Keulen in einem Schmortopf in 1 bis 2 EL Öl bei mittlerer Hitze rundum anbraten und wieder herausnehmen. Puderzucker in den Topf stäuben und hell karamellisieren. Tomatenmark unterrühren, kurz anrösten und mit der Hälfte des Rotweins ablöschen. Sirupartig einköcheln lassen und den Vorgang mit dem restlichen Wein wiederholen.

3 In einer Pfanne 1 EL Öl erhitzen und die Gemüsewürfel darin bei mittlerer Hitze andünsten. Mit den Gänsekeulen in den Schmortopf geben und mit der Brühe aufgießen. Den Deckel so auflegen, dass ein Spalt offen bleibt, und die Gänsekeulen bei mittlerer Hitze etwa 4 Stunden weich schmoren.

4 Die Gänsekeulen aus dem Topf nehmen. Die Sauce durch ein Sieb in einen kleinen Topf gießen und etwas einköcheln lassen. Das Gemüse zu den Keulen geben und zugedeckt warm stellen. Die Speisestärke mit wenig kaltem Wasser glatt rühren und die Sauce damit binden. 1 Prise Majoran, Ingwer, Knoblauch, Zitronen- und Orangenschale hinzufügen, einige Minuten in der Sauce ziehen lassen und die ganzen Gewürze wieder entfernen. Mit Salz und Pfeffer abschmecken. Die Sauce, die Gänsekeulen und das Gemüse in den Schmortopf geben und nochmals erhitzen.

5 Die beiseitegelegte Haut der Gänsekeulen in kleine Würfel schneiden und im restlichen Öl bei milder Hitze kross braten. Abtropfen lassen und salzen. Die Gänsekeulen mit der Sauce und dem Gemüse auf vorgewärmten Tellern anrichten und mit der gebratenen Haut bestreuen.

Zutaten für 4 Personen

4 Gänsekeulen (à 450–500 g;
küchenfertig, mit Haut)
2 Zwiebeln
1 Karotte
120 g Knollensellerie
6 EL Öl
1 EL Puderzucker
1 EL Tomatenmark
¼ l kräftiger Rotwein
½ l Geflügelbrühe
1–2 TL Speisestärke
getrockneter Majoran
je 1 Scheibe Ingwer und
Knoblauch
je 1 Streifen unbehandelte
Zitronen- und Orangenschale
Salz · Pfeffer aus der Mühle

Tipp

Sie können die Sauce noch mit Dörrpflaumen variieren: Dazu 12 Dörrpflaumen in 100 ml heißem Wasser und 2 cl Rum einweichen. Die Pflaumen vor dem Abschmecken unter die Sauce rühren.

Spanferkelschulter mit Kruste

Zutaten für 4 Personen
1 1/2 kg Spanferkelschulter
(mit Schwarte; küchenfertig)
Salz
1 große Zwiebel
1 kleine Karotte
80 g Knollensellerie
1–2 TL Puderzucker
150 ml kräftiger Rotwein
300 ml Geflügelbrühe
gemahlener Kümmel
getrockneter Majoran
1/2 Knoblauchzehe (in Scheiben)
1 Streifen unbehandelte
Zitronenschale

1 Die Spanferkelschulter in kochendem Salzwasser 10 bis 15 Minuten sanft sieden lassen. Das Fleisch herausnehmen, mit Küchenpapier trocken tupfen und die Schwarte mit einem scharfen Messer leicht einschneiden.

2 Die Zwiebel schälen und in Ringe schneiden. Die Karotte schälen und in Scheiben schneiden. Den Knollensellerie schälen und in 1 bis 1 1/2 cm große Stücke schneiden.

3 Den Backofen auf 160 °C vorheizen. Den Puderzucker in einem Bräter bei milder Hitze hell karamellisieren. Die Zwiebelringe, die Karottenscheiben und die Selleriestücke dazugeben und glasig anschwitzen. Mit dem Rotwein ablöschen und auf ein Drittel einköcheln lassen. Die Geflügelbrühe angießen, die Spanferkelschulter in den Bräter geben und im Ofen auf der mittleren Schiene etwa 1 1/2 Stunden garen.

4 Am Ende der Garzeit die Backofentemperatur auf 220 °C Oberhitze erhöhen. Die Schwarte mit Salz würzen und das Fleisch weitere 30 Minuten kross braten. Den Bratensaft mit Salz und je 1 Prise Kümmel und Majoran würzen. Den Knoblauch und die Zitronenschale hinzufügen, einige Minuten ziehen lassen und wieder entfernen. Die Sauce durch ein Sieb passieren und separat zur Spanferkelschulter servieren.

Tipp

Durch das Sieden in Salzwasser wird die Schwarte weich und lässt sich leicht einschneiden. Damit das Spanferkel beim Braten eine schöne Kruste bekommen, darf man es nicht mit dem Fond übergießen. Durch den darin enthaltenen Zucker würde die Schwarte rasch dunkel werden.

Spanferkelrollbraten mit Linsen

Zutaten für 4 Personen
Für den Rollbraten:

ca. 1 kg Spanferkelwammerl
(Bauchfleisch ohne Knochen;
küchenfertig)
2–3 EL scharfer Senf
Salz · Pfeffer aus der Mühle
getrockneter Majoran
gemahlener Kümmel
¼ l Geflügelbrühe

Für das Gemüse:
150 g Berglinsen
(kleine grüne Linsen)
je 50 g Karotte, Knollensellerie
und Lauch
½ Zwiebel · 1 EL Öl
½–1 EL Tomatenmark
80 ml kräftiger Rotwein
½ l Geflügelbrühe
2 Scheiben Knoblauch
1 Scheibe Ingwer
1 kleiner Streifen unbehandelte
Zitronenschale
1 Lorbeerblatt
Salz · Cayennepfeffer
½–1 EL Rotweinessig
(oder Aceto balsamico)

1 Für den Rollbraten den Backofen auf 160 °C vorheizen. Den Spanferkelbauch auf der Fleischseite mit Senf bestreichen und mit Salz, Pfeffer und je 1 Prise Majoran und Kümmel würzen. Das Fleisch von der Längsseite her einrollen und mit Küchengarn zusammenbinden.

2 Die Brühe in einen Bräter gießen. Den Rollbraten mit der Nahtseite nach unten hineinlegen und zugedeckt im Ofen auf der untersten Schiene etwa 2 Stunden garen.

3 Die Backofentemperatur auf 240 °C Oberhitze erhöhen. Den Bräter aus dem Ofen nehmen. Ein Ofengitter auf die mittlere Schiene und darunter ein Abtropfblech schieben. Den Rollbraten aus dem Bräter nehmen, mit Salz würzen und im Ofen auf dem Ofengitter etwa ½ Stunde kross braten, dabei mehrmals wenden.

4 Für das Gemüse die Linsen 2 Stunden in kaltem Wasser einweichen. Die Karotte und den Sellerie schälen, den Lauch waschen. Das Gemüse in kleine Würfel schneiden. Die Zwiebel schälen und in kleine Würfel schneiden. Das Öl in einer Pfanne erhitzen und Zwiebel, Karotte und Sellerie darin bei milder Hitze andünsten.

5 Das Tomatenmark zu dem Gemüse geben, unterrühren und kurz mitrösten. Die eingeweichten Linsen abgießen, kurz abbrausen und unter das Gemüse rühren. Mit dem Rotwein ablöschen und etwas einköcheln lassen. Die Brühe angießen und das Gemüse 20 bis 25 Minuten mehr ziehen als kochen lassen.

6 Nach 15 Minuten Garzeit den Knoblauch, den Ingwer, die Zitronenschale und das Lorbeerblatt zum Gemüse geben und kurz vor dem Servieren wieder entfernen. Zuletzt den Lauch hinzufügen und das Linsengemüse mit Salz, 1 Prise Cayennepfeffer und Essig abschmecken.

7 Zum Servieren das Küchengarn vom Spanferkelrollbraten entfernen und mit einem scharfen Messer oder elektrischen Messer in Scheiben schneiden. Die Spanferkelscheiben mit dem Linsengemüse servieren.

Gefüllte Spanferkelbrust

1 Die Pilze in Wasser 5 Minuten köcheln lassen, abgießen und klein schneiden. Das Brot in Würfel schneiden. Die Zwiebel schälen, klein schneiden und in einer Pfanne im Öl andünsten. Die Milch über das Brot gießen und mit den verquirlten Eiern, Pilzen, Zwiebeln und der Petersilie zu einem lockeren Knödelteig verarbeiten. Mit Salz, Pfeffer und Muskatnuss würzen.

2 Für die Spanferkelbrust den Backofen auf 220°C vorheizen. Die Kalbsknochen auf einem Backblech verteilen und im Ofen auf der mittleren Schiene etwa 45 Minuten goldbraun rösten, das austretende Fett entfernen. Die Schalotten schälen und halbieren, die Karotten schälen und schräg in ½ cm dicke Scheiben schneiden. Den Sellerie putzen, waschen und schräg in ½ cm dicke Scheiben schneiden. Die Backofentemperatur auf 140°C herunterschalten.

3 Die Spanferkelbrust mit der Knödelmasse füllen, die Öffnung mit Rouladenspießen verschließen, das Fleisch salzen und pfeffern. In einem Bräter auf der Fleischseite im Öl anbraten, herausnehmen und das Bratfett abgießen. Die Brühe in den Bräter geben und die Spanferkelbrust mit der Schwartenseite nach unten hineinlegen. Zugedeckt 1 Stunde garen, dabei gelegentlich mit Brühe übergießen. Das Fleisch nach 1 Stunde wenden, aus dem Bräter nehmen und die Schwarte so einschneiden, wie das Fleisch zum Servieren tranchiert wird.

4 Die Brühe ebenfalls aus dem Bräter gießen. Den Puderzucker im Bräter bei mittlerer Hitze karamellisieren, das Tomatenmark dazugeben und anrösten. Die Brühe wieder hinzufügen, die Knochen hineingeben und die Spanferkelbrust mit der Schwartenseite nach oben daraufsetzen.

5 Den Braten ohne Deckel 1½ Stunden weiterschmoren und herausnehmen. Die Sauce durch ein Sieb gießen und die Knochen entfernen. Die passierte Sauce mit dem vorbereiteten Gemüse, dem Lorbeerblatt und dem Braten wieder in den Bräter geben, 1 Prise Kümmel hinzufügen und weitere 30 bis 45 Minuten offen schmoren, bis das Gemüse weich ist. Zuletzt die Schwarte einige Minuten unter dem Backofengrill kross braten.

6 Knoblauch, Ingwer und Zitronenschale in die Sauce geben, einige Minuten ziehen lassen und mit dem Lorbeerblatt wieder entfernen. Die Sauce mit Salz und Cayennepfeffer würzen. Das Fleisch in Scheiben schneiden und mit der Sauce und dem Schmorgemüse servieren.

Zutaten für 4 Personen
Für die Füllung:
2 EL getrocknete Totentrompetenpilze
250 g Toastbrot (entrindet)
½ Zwiebel
1 EL Öl
⅛ l Milch
3 Eier
1 EL gehackte Petersilie
Salz · Pfeffer aus der Mühle
frisch geriebene Muskatnuss

Für die Spanferkelbrust:
500 g Kalbsknochen
(klein gehackt)
500 g Schalotten
2 Karotten
2 Stangen Staudensellerie
1½ kg Spanferkelbrust
(mit eingeschnittener Tasche)
Salz · Pfeffer aus der Mühle
2 EL Öl
½ l Geflügelbrühe
1 TL Puderzucker
1 TL Tomatenmark
1 Lorbeerblatt
ganzer Kümmel
½ Knoblauchzehe
2 Scheiben Ingwer
1 Streifen unbehandelte Zitronenschale
Cayennepfeffer

Schweinekarree mit Knoblauchgemüse

Zutaten für 4 Personen

1 kg grüne Saubohnen
(in der Schote) · Salz
2 Zwiebeln · 400 g Karotten
600 g Kartoffeln
1¹/₂ kg Stielkotelett
(am Stück, Knochen freigelegt)
Pfeffer aus der Mühle
2 TL ganzer Kümmel · 3 EL Öl
20 geschälte Knoblauchzehen
¹/₄ l Geflügelbrühe
1 Lorbeerblatt
50 g getrocknete Tomaten (in Öl)
1 große, mittelscharfe rote
Chilischote
getrockneter Majoran
1 Msp. fein gehackte Schale von
1 unbehandelten Zitrone

1 Die Bohnen aus den Schoten brechen, die Schoten entfernen. Die Bohnen-kerne in Salzwasser bissfest blanchieren, in Eiswasser abschrecken und auf einem Sieb abtropfen lassen. Die dicke äußere Haut der Bohnenkerne entfernen. Die Zwiebeln schälen und in 2 cm große Scheiben schneiden. Karotten und Kartoffeln schälen, Karotten schräg in dünne Scheiben schneiden, Kartoffeln in Würfel schneiden.

2 Für das Schweinekarree die Schwarte des Stielkoteletts in Rauten ein-schneiden. Das Stielkotelett salzen, pfeffern, mit Kümmel bestreuen und in einem Bräter im heißen Öl zuerst auf der Schwartenseite anbraten. Die Schwarte sollte dabei eine schöne goldbraune Farbe annehmen. Anschließend wenden und das Fleisch bei milder Hitze rundum anbraten. Den Backofen auf 140 °C vorheizen.

3 Die Zwiebeln, die Karotten und die Knoblauchzehen zum Fleisch geben und etwas mitschmoren lassen. Mit der Brühe aufgießen, das Lorbeer-blatt und die Kartoffelwürfel dazugeben. Das Karree mit der Schwarte nach oben im vorgeheizten Ofen etwa 2 Stunden braten.

4 Die Tomaten abtropfen lassen und in Streifen schneiden. Die Chilischote halbieren, entkernen und in Streifen schneiden. Tomaten, Bohnen und die Chilistreifen in den letzten 15 Minuten in den Bräter geben. Zum Schluss die Sauce mit 1 Prise Majoran, Zitronenschale und Salz abschmecken.

Tipp

Soll das Schweinekarree eine schöne Kruste bekommen, kurz vor Garzeitende für einige Minuten den Backofen-grill dazuschalten.

Krustenbraten mit Schmorgemüse

Zutaten für 4 Personen
Für den Krustenbraten:
500 g Fleischknochen vom Kalb
(vom Metzger grob gehackt)
1 1/2 kg Wammerl
(Schweinebauch)
Salz · Pfeffer aus der Mühle
2 EL Öl
1/2 l Geflügelbrühe

Für das Gemüse:
1,2 kg kleine festkochende
Kartoffeln
2 große Zwiebeln
3 Karotten
200 g Knollensellerie
1/2 TL Puderzucker
1 TL Tomatenmark
150 ml dunkles Bier
(am besten Malzbier)
300 ml Geflügelbrühe
2 Knoblauchzehen
2 Scheiben Ingwer
2 Lorbeerblätter
1/2 TL ganzer Kümmel
1/2 TL getrockneter Majoran

1 Für den Krustenbraten den Backofen auf 220°C vorheizen. Die gehackten Knochen auf einem Backblech verteilen und im Ofen auf der mittleren Schiene gut 30 Minuten goldbraun rösten. Aus dem Ofen nehmen und abtropfen lassen.

2 Den Backofen auf 140°C herunterschalten. Das Wammerl mit Salz und Pfeffer würzen. In einem Bräter im Öl mit der Fleischseite nach unten bei mittlerer Hitze hell anbraten, wenden und mit der Geflügelbrühe aufgießen. Die Fettschicht sollte dabei ganz mit der Brühe bedeckt sein, ansonsten noch etwas Brühe dazugeben. Die gerösteten Knochen dazugeben und das Wammerl im vorgeheizten Ofen 1 Stunde braten.

3 Für das Gemüse die Kartoffeln schälen, waschen und der Länge nach vierteln. Die Zwiebeln schälen, vierteln und in 2 bis 3 cm große Scheiben schneiden. Die Karotten schälen und schräg in Scheiben schneiden. Den Sellerie schälen und in 2 cm große Würfel schneiden.

4 Den Puderzucker in einem weiten, ofenfesten Topf bei mittlerer Hitze karamellisieren. Das Tomatenmark dazugeben, kurz anrösten und mit dem Bier ablöschen. Das Bier fast vollständig einköcheln lassen, das Gemüse dazugeben und mit der Brühe aufgießen.

5 Den Krustenbraten aus dem Ofen nehmen, die Temperatur auf 160°C erhöhen. Das Fleisch mit der Fettseite nach oben auf ein Brett legen und die Schwarte mit einem scharfen Messer rautenförmig einschneiden. Den Bratensaft durch ein Sieb gießen und zu dem Gemüse geben. Das Wammerl mit der Schwarte nach oben auf das Gemüse setzen und im Ofen etwa 1 Stunde fertig schmoren. Etwa 20 Minuten vor Ende der Garzeit den Knoblauch, den Ingwer, die Lorbeerblätter, den Kümmel und den Majoran in den Topf geben.

6 Falls die Kruste nicht kross genug ist, zuletzt die Oberhitze bzw. den Backofengrill zuschalten. Den Braten aus dem Ofen nehmen, Knoblauch, Ingwer und Lorbeer entfernen und das Fleisch in Scheiben schneiden. Das Gemüse und den Bratensaft mit Salz und Pfeffer abschmecken und zum Fleisch servieren.

Schäufele mit Kartoffeln

Zutaten für 4 Personen
Für die Schäufele:
4 Schweineschäufele (nach frän-
kischem Schnitt; siehe Tipp)
400 ml Geflügelbrühe
1 Karotte · 150 g Knollensellerie
3 große Zwiebeln
600 g kleine festkochende
Kartoffeln
1 EL Öl · Salz
1 Knoblauchzehe (in Scheiben)
1 Scheibe Ingwer
ca. 1 TL getrockneter Majoran
½ TL ganzer Kümmel
1 Streifen unbehandelte
Zitronenschale
Pfeffer aus der Mühle

1 Für die Schäufele den Backofen auf 130°C vorheizen. Die Brühe in einen Bräter gießen, die Schäufele mit der Schwarte nach unten hineinlegen. Das Fleisch im Ofen auf der mittleren Schiene etwa 1 Stunde garen. Dann die Backofentemperatur auf 160°C erhöhen.

2 Das Fleisch aus dem Bräter nehmen und die Schwarte mit einem scharfen Messer einritzen. Karotte und Sellerie putzen und schälen. Zwiebeln und Kartoffeln schälen, die Kartoffeln waschen. Das vorbereitete Gemüse in 1 bis 2 cm große Stücke schneiden. Die Zwiebeln mit Sellerie und Karotte im Öl bei mittlerer Hitze nicht zu dunkel anbraten und mit den Kartoffeln in die Brühe geben. Die Schäufele mit der Schwarte nach oben daraufsetzen und auf der mittleren Schiene weitere 1½ bis 2 Stunden garen.

3 Dann die Backofentemperatur auf 220°C (Oberhitze) erhöhen oder den Umluftgrill einschalten. Das Fleisch aus dem Ofen nehmen, auf ein Backblech setzen und die Schwarte mit Salz würzen. Im Ofen auf der untersten Schiene 20 bis 30 Minuten knusprig grillen. Den Knoblauch mit dem Ingwer, Majoran, Kümmel und Zitronenschale unter die Sauce im Bräter rühren, 5 bis 10 Minuten darin ziehen lassen und wieder entfernen. Die Sauce mit Salz und Pfeffer würzen. Zum Schäufele passt der Krautsalat von Seite 47.

Tipp

Schäufele nach fränkischem Schnitt bedeutet, dass der obere Teil der Schweineschulter längs mit dem Schulterblatt in etwa 8 cm dicke Scheiben geschnitten wird. Die Schwarte bleibt dran.

Bayerisches Wurzelfleisch

Zutaten für 4 Personen
Für das Fleisch:
¹/₂ l Geflügelbrühe
1 EL Zucker · Salz
3 EL Rotweinessig
je ¹/₂ TL Piment-, schwarze Pfeffer-
und Korianderkörner
1 kleines Lorbeerblatt
2 Wacholderbeeren
500 g Schweinefilet
2 EL Öl
1 Karotte · 1 weiße Zwiebel
100 g Knollensellerie
50 g Lauch
1 geschälte Knoblauchzehe
1 Scheibe Ingwer

Für die Sauce und zum Anrichten:
1 TL Senf · 2 EL Sahnemeerrettich
40 g Butter
frisch geriebene Muskatnuss · Salz
frisch geriebener Meerrettich
1 EL Schnittlauchröllchen

1 Am Vortag die Brühe in einem Topf aufkochen, mit Zucker, Salz und Essig süßsauer würzen. Piment-, Pfeffer- und Korianderkörner, das Lorbeerblatt sowie die Wacholderbeeren dazugeben und den Sud anschließend abkühlen lassen.

2 Das Schweinefilet in einer Pfanne in 1 EL Öl bei mittlerer Hitze von allen Seiten kurz anbraten und in den Sud legen. 1 Tag darin gekühlt marinieren. Am nächsten Tag das Fleisch aus der Marinade nehmen, die Marinade durch ein Sieb gießen und auffangen.

3 Karotte, Zwiebel und Sellerie schälen, den Lauch putzen, waschen und alles in feine Streifen schneiden. Die Gemüsestreifen in einem Topf im restlichen Öl bei milder Hitze glasig dünsten, mit der Marinade auffüllen und aufkochen lassen. Das Schweinefilet mit dem Knoblauch und dem Ingwer in den Topf geben und knapp unter dem Siedepunkt 15 bis 20 Minuten saftig durchziehen lassen.

4 Das Fleisch herausnehmen und warm halten, Knoblauch und Ingwer ebenfalls herausnehmen. Den Sud durch ein Sieb gießen, Gemüsestreifen beiseitestellen. Für die Sauce die Hälfte des Suds mit Senf, Sahnemeerrettich und der Butter aufschlagen. Mit etwas Muskatnuss und, falls nötig, mit Salz würzig abschmecken.

5 Zum Anrichten das Schweinefilet in 1 cm dicke Scheiben schneiden, mit dem Gemüse und etwas Meerrettichsauce in vorgewärmte tiefe Teller setzen. Zuletzt etwas frisch geriebenen Meerrettich und Schnittlauchröllchen über das Fleisch streuen.

Tipp

Wird das Bayerische Wurzelfleisch als Hauptgericht serviert, passen als Beilage sehr gut gekochte Salzkartoffeln dazu.

Surbraten

Zutaten für 4 Personen

3 Zwiebeln

2 Lorbeerblätter

3 Gewürznelken

4–5 l schwach gesalzene Gemüsebrühe

1 1/2 kg gepökelte Schweine-schulter (mit Schwarte)

1 TL Puderzucker

1 EL Tomatenmark

1/4 l kräftiger Rotwein

1 Karotte

120 g Knollensellerie

1 EL Öl

2 Knoblauchzehen (geschält und halbiert)

1 Scheibe Ingwer

1 Streifen unbehandelte Zitronenschale

1/2–1 TL getrockneter Majoran

1/2 TL ganzer Kümmel

Salz · Pfeffer aus der Mühle

1 Eine Zwiebel schälen und 1 Lorbeerblatt mit den Gewürznelken darauf feststecken. Die Brühe in einem großen Topf aufkochen, das Fleisch und die gespickte Zwiebel hineingeben und knapp unter dem Siedepunkt 2 Stunden ziehen lassen.

2 Das Fleisch herausnehmen und die Schwarte mit einem scharfen Messer zentimeterweise gegen die Faser einschneiden. Für die Sauce 800 ml Brühe abmessen und beiseitestellen.

3 Den Backofen auf 160 °C vorheizen. Den Puderzucker in einem Bräter bei milder Hitze hell karamellisieren. Das Tomatenmark unterrühren und etwas anrösten. Nach und nach mit je einem Drittel Rotwein ablöschen und jeweils sirupartig einköcheln lassen.

4 Die restlichen Zwiebeln, die Karotte und den Knollensellerie schälen und in 1 1/2 cm große Stücke schneiden. Das Öl in einer Pfanne erhitzen und das Gemüse darin bei mittlerer Hitze andünsten. Die beiseitegestellte Brühe und das Gemüse in den Bräter geben. Den Surbraten mit der Schwarte nach oben daraufsetzen und im Ofen auf der untersten Schiene 1 1/2 Stunden garen.

5 Die Backofentemperatur auf 220 °C Oberhitze erhöhen. Den Braten aus dem Bräter nehmen und auf ein Backblech setzen. Im Ofen auf der untersten Schiene 20 bis 30 Minuten knusprig braten.

6 Die Sauce aus dem Bräter durch ein Sieb in einen kleinen Topf gießen, das Gemüse in den Bräter geben und beiseitestellen. Die Sauce, falls nötig, entfetten (das oben schwimmende Fett abschöpfen), das restliche Lorbeerblatt hinzufügen und die Sauce etwas einköcheln lassen.

7 Knoblauch, Ingwer, Zitronenschale, Majoran und Kümmel in die Sauce rühren und 5 bis 10 Minuten darin ziehen lassen. Die Sauce durch ein Sieb zurück zum Gemüse gießen, erhitzen und mit Salz und Pfeffer abschmecken. Den Surbraten in Scheiben schneiden, mit etwas Schmorgemüse und Bratensauce auf vorgewärmten Tellern anrichten.

Bierfleisch mit Apfelspalten

1 Das Fleisch in 3 cm große Würfel schneiden. Die Zwiebeln schälen und in Streifen schneiden.

2 In einem Schmortopf 1 bis 2 EL Öl erhitzen, das Fleisch darin bei mittlerer Hitze portionsweise anbraten und aus dem Topf nehmen. Etwas Öl in den Topf geben und die Zwiebeln darin andünsten. Das Tomatenmark dazugeben, kurz anrösten und das Fleisch wieder hinzufügen. Die Brühe und das Bier angießen und die Fleischwürfel offen knapp unter dem Siedepunkt etwa 2 Stunden schmoren.

3 Am Ende der Garzeit das Paprikapulver in einer Schüssel mit etwas Wasser glatt rühren. Den Knoblauch schälen und in Scheiben schneiden. Mit Ingwer, Zitronenschale, Kümmel und Majoran zum Schmorfleisch geben und 5 bis 10 Minuten darin ziehen lassen. Den Knoblauch und Ingwer wieder entfernen und die Sauce mit Salz sowie 1 Prise Chilipulver abschmecken.

4 Den Apfel schälen, vierteln und das Kerngehäuse entfernen. Das Fruchtfleisch in schmale Spalten schneiden. Die Butter in einer Pfanne erhitzen und die Apfelspalten darin bei milder Hitze auf beiden Seiten leicht anbraten, dabei mit Puderzucker bestäuben.

5 Das Bierfleisch mit der Sauce in vorgewärmten tiefen Tellern anrichten und mit den Apfelspalten garnieren. Als Beilage dazu passen Salzkartoffeln, Kartoffelklöße, -püree und Nudeln, aber auch Spätzle, Semmelknödel oder Reis.

Zutaten für 4 Personen

1 kg magere Schweineschulter
500 g Zwiebeln
2–3 EL Öl
2 EL Tomatenmark
³/₄ l Geflügelbrühe
200 ml dunkles Bier
1 EL Paprikapulver (edelsüß)
1 Knoblauchzehe
2 Scheiben Ingwer
¹/₂–1 TL abgeriebene
unbehandelte Zitronenschale
¹/₂ TL gemahlener Kümmel
1 TL getrockneter Majoran
Salz · mildes Chilipulver
1 Apfel
1 EL Butter
¹/₂–1 TL Puderzucker

Tipp

Als zusätzliche Garnitur eignen sich kross gebratene Zwiebelringe: Dafür die Zwiebelringe in einer Mischung aus doppelgriffigem Mehl und edelsüßem Paprikapulver wenden, in 170°C heißem Fett frittieren und auf Küchenpapier abtropfen lassen.

Schweinefilet mit Apfelrahmkraut

Zutaten für 4 Personen
Für das Schweinefilet:

12 lange Scheiben Frühstücks-
speck (ca. 120 g)
80 g Kalbsbrät (vom Metzger)
2 EL Sahne · 1 cl Sherry (trocken)
1 EL Thymianblättchen
2–3 EL gehackte Petersilie
2 Schweinefilets (à 300 g;
aus dem Mittelstück) · 1 EL Öl

Für das Apfelrahmkraut:
1 kleine Zwiebel
500 g Spitzkohl · 1 Karotte
100 g Knollensellerie · Salz
2 Äpfel · 1 EL Öl
1 TL getrockneter Majoran
1 TL gemahlener Kümmel
frisch geriebene Muskatnuss
Pfeffer aus der Mühle
1 EL gehackte Petersilie
50 ml Gemüsebrühe
150 g Sahne · 2 EL Butter
je 1 TL abgeriebene unbehandelte
Zitronen- und Orangenschale
1 Zimtrinde
1 Msp. abgeriebene
unbehandelte Limettenschale
1 Stück Vanilleschote

1 Für das Schweinefilet den Backofen auf 100 °C vorheizen. Ein Ofengitter auf die mittlere Schiene und darunter ein Abtropfblech schieben.

2 Jeweils 6 Scheiben Frühstücksspeck leicht überlappend nebeneinander auf Frischhaltefolie legen. Das Kalbsbrät mit Sahne und Sherry verrühren, den Speck gleichmäßig damit bestreichen und mit Thymian und Petersilie bestreuen. Die Schweinefilets von Fett und Sehnen befreien. Je 1 Schweinefilet auf den Speck legen und mithilfe der Frischhaltefolie darin einwickeln. Die Frischhaltefolie wieder entfernen. Das Öl in einer Pfanne erhitzen und die Filets darin bei mittlerer Hitze auf der Nahtseite anbraten. Dann nach und nach rundum anbraten. Das Fleisch auf das Gitter in den Ofen legen und je nach Dicke gut 45 Minuten rosa garen.

3 Inzwischen für das Apfelrahmkraut die Zwiebel schälen und in Rauten schneiden. Vom Spitzkohl die äußeren Blätter und den Strunk entfernen. Die Blätter waschen, trocken schleudern und in Rauten schneiden. Die Karotte und den Sellerie putzen und schälen, zuerst in dünne Scheiben, dann in Rauten schneiden. Das Gemüse in kochendem Salzwasser blanchieren. Die Äpfel waschen, vierteln und die Kerngehäuse entfernen. Einen Apfel in dünne Scheiben, den anderen Apfel in Spalten schneiden.

4 Das Öl in einer Pfanne erhitzen und die Zwiebel darin bei mittlerer Hitze glasig dünsten, Karotte, Sellerie und Spitzkohl dazugeben und leicht anbraten. Mit Majoran, Kümmel, Muskatnuss, Salz und Pfeffer würzen. Die Petersilie, die Brühe und die Sahne hinzufügen. Zum Schluss 1 EL Butter, Zitronen- und Orangenschale und Apfelscheiben unterrühren sowie etwas Zimt darüberreiben.

5 Die Apfelspalten in einer Pfanne in der restlichen Butter bei mittlerer Hitze mit Limettenschale, Vanilleschote und Zimt dünsten.

6 Das Apfelrahmkraut auf vorgewärmte Teller verteilen. Das Schweinefilet in Scheiben schneiden, darauf anrichten und mit den gedünsteten Apfelspalten garniert servieren.

Eisbein mit Sauerkraut

Zutaten für 4 Personen
Für das Eisbein:
1 Zwiebel · 1 Lorbeerblatt
2 Gewürznelken
2 gepökelte hintere
Schweinshaxen (à ca. 1 1/2 kg)
1 TL schwarze Pfefferkörner
3 Wacholderbeeren

Für das Sauerkraut:
1 große Zwiebel · 1–2 EL Öl
1 kg frisches Sauerkraut
150 ml Weißwein
1/2 l Gemüsebrühe
80 g durchwachsener Speck
5 schwarze Pfefferkörner
2 Wacholderbeeren
1 Lorbeerblatt · 2 EL Apfelmus
1 EL Butter · Salz
Cayennepfeffer · Zucker

1 Für das Eisbein die Zwiebel schälen und das Lorbeerblatt mit den Nelken darauf feststecken. Die Schweinshaxen waschen, mit der Zwiebel in einen großen Topf geben und alles mit Wasser bedecken. Zum Kochen bringen und das Fleisch 2 bis 2 1/2 Stunden darin köcheln lassen.

2 Die Pfefferkörner und die leicht angedrückten Wacholderbeeren in den Sud geben und das Fleisch etwa 30 Minuten weitergaren, bis es sich vom Knochen lösen lässt.

3 Inzwischen für das Sauerkraut die Zwiebel schälen und in kleine Würfel schneiden. Das Öl in einem Topf erhitzen und die Zwiebelwürfel darin glasig dünsten. Das Sauerkraut dazugeben, mit Wein ablöschen und fast vollständig einkochen lassen. Die Brühe dazugießen, den Speck hinzufügen und das Sauerkraut bei milder Hitze 20 Minuten garen.

4 Die Pfefferkörner, die leicht angedrückten Wacholderbeeren und das Lorbeerblatt in ein Gewürzsäckchen binden, zum Kraut geben und 15 Minuten weitergaren. Den Speck und die Gewürze wieder entfernen, das Apfelmus und die Butter unterrühren und das Sauerkraut mit Salz, Cayennepfeffer und Zucker abschmecken.

5 Vom Eisbein die Schwarten und Knochen entfernen und das magere Fleisch gegen den Faserverlauf in Scheiben schneiden. Mit dem Sauerkraut auf Tellern anrichten.

Tipp

Eisbein mit Sauerkraut ist eine typische Berliner Spezialität und kommt dort mit Erbsenpüree auf den Tisch. Es schmeckt aber auch sehr gut mit Salzkartoffeln.

Schweinshaxen mit Krautsalat

1 Für die Haxen die Zwiebel schälen, mit dem Lorbeerblatt belegen und mit den Gewürznelken feststecken. Reichlich Salzwasser aufkochen.

2 Die Haxen mit Zwiebel, Pfeffer und Kümmel darin zugedeckt 1½ Stunden knapp unter dem Siedepunkt ziehen lassen.

3 Den Backofen auf 200 °C (Umluft) vorheizen. Ein Ofengitter auf die mittlere Schiene und darunter ein Abtropfblech schieben. Die Haxen auf das Ofengitter legen und im Ofen 1 Stunde rundum kross braten.

4 Für den Krautsalat den Weißkohl putzen, die äußeren Blätter entfernen und den Strunk herausschneiden. Das Kraut in feine Streifen hobeln, in eine Schüssel geben und leicht mit Salz würzen.

5 Den Puderzucker in einer Pfanne bei mittlerer Hitze hell karamellisieren. Mit dem Essig ablöschen und auf die Hälfte einköcheln lassen. Die Brühe dazugießen, einmal aufkochen und den heißen Sud über das Kraut geben. Das Öl unterrühren und mit Salz, Pfeffer, je 1 Prise Kümmel und Cayennepfeffer sowie etwas Zucker abschmecken. Den Krautsalat 10 Minuten ziehen lassen.

6 Die Haxen aus dem Ofen nehmen und auf einem Brett mit einem Sägemesser am Knochen entlang einschneiden. Den Knochen durch Drehen auslösen. Das Fleisch in Portionen schneiden. Die Schweinshaxen mit Krautsalat servieren.

Zutaten für 4 Personen
Für die Haxen:

1 Zwiebel
1 Lorbeerblatt
3 Gewürznelken · Salz
4 hintere Schweinshaxen
(à ca. 1 ½ kg)
1 TL schwarze Pfefferkörner
1 TL ganzer Kümmel

Für den Krautsalat:

500 g junger Weißkohl · Salz
1 EL Puderzucker
5 EL Rotweinessig
⅛ l Gemüsebrühe · 2 EL Öl
Pfeffer aus der Mühle
gemahlener Kümmel
Cayennepfeffer · Zucker

Tipp

Sie können den Krautsalat auch mit Speck servieren. Dafür 50 g durchwachsenen Speck in kleine Würfel schneiden und in einer Pfanne in 1 EL Öl knusprig braten. Zum Schluss auf den Krautsalat streuen.

Geschmorte Kalbsschulter in Barolo

Zutaten für 4 Personen

Für die Kalbsschulter:

2 Zwiebeln · 1 Fenchelknolle
2 reife Tomaten
1,2 kg Kalbsschulter
(flache Schulter; küchenfertig)
2 EL Olivenöl
1–2 TL Puderzucker
1 EL Tomatenmark
300 ml Barolo (ital. Rotwein
aus dem Piemont)
450 ml Geflügelbrühe
je 1 EL Wacholderbeeren,
Fenchelsamen und Senfkörner
10 g getrocknete Steinpilze
1 Lorbeerblatt · 1 Knoblauchzehe
(geschält und halbiert)
1 Streifen unbehandelte
Zitronenschale
Salz · Pfeffer aus der Mühle

Für das Gemüse:

2 Stangen Staudensellerie
200 g Knollensellerie · 4 Karotten
1 EL Olivenöl · 80 ml Weißwein
⅛ l Gemüsebrühe
1 rote Chilischote · 1 Lorbeerblatt
je 1 Streifen unbehandelte
Zitronen- und Orangenschale
1 EL Butter
1 EL gehackte Petersilie

1 Für die Kalbsschulter den Backofen auf 150 °C vorheizen. Die Zwiebeln schälen, die Fenchelknolle putzen und waschen. Beides in kleine Würfel schneiden. Die Tomaten waschen, halbieren, den Stielansatz entfernen und die Tomaten achteln.

2 Die Kalbsschulter in einem Bräter im Olivenöl bei mittlerer Hitze von allen Seiten anbraten, herausnehmen und den Bratensatz abgießen. Den Puderzucker im Bräter karamellisieren, das vorbereitete Gemüse dazugeben und kurz andünsten. Das Tomatenmark unterrühren, kurz anrösten und mit der Hälfte des Barolos ablöschen. Auf ein Drittel einkochen lassen, den restlichen Barolo dazugeben, erneut einkochen lassen und die Geflügelbrühe angießen. Das Fleisch in die Sauce legen und zugedeckt im Ofen auf der mittleren Schiene etwa 3 Stunden schmoren, dabei mehrmals wenden.

3 Die Wacholderbeeren, Fenchelsamen und Senfkörner in eine Gewürzmühle füllen. Etwa 20 Minuten vor Ende der Garzeit die getrockneten Steinpilze mit dem Lorbeerblatt in die Sauce geben, mit der Mischung aus der Gewürzmühle würzen. Zuletzt den Knoblauch und die Zitronenschale dazugeben und einige Minuten in der Sauce ziehen lassen. Den Braten herausnehmen, die Sauce durch ein Sieb gießen, dabei das Gemüse gut ausdrücken. Die Sauce mit Salz und Pfeffer würzen und das Fleisch nochmals in der Sauce erhitzen.

4 Für das Gemüse Stauden- und Knollensellerie putzen, waschen bzw. schälen und schräg in 2 cm große Stücke schneiden. Die Karotten schälen, längs halbieren und ebenfalls schräg in 2 cm große Stücke schneiden. Alles in einem Topf im Olivenöl bei milder Hitze andünsten, mit dem Weißwein ablöschen, weitgehend einköcheln lassen und die Gemüsebrühe dazugießen. Die Chilischote halbieren, entkernen und waschen. Mit dem Lorbeerblatt zum Gemüse geben, zugedeckt bei milder Hitze 20 bis 30 Minuten dünsten. Die Zitrusschalen dazugeben und das Gemüse mit der Mischung aus der Gewürzmühle würzen. Die Butter und die Petersilie hinzufügen, Lorbeerblatt und Zitrusschalen wieder entfernen.

5 Die Kalbsschulter in Scheiben schneiden, mit Salz, Pfeffer und der Mischung aus der Gewürzmühle würzen. Mit dem Gemüse und der Sauce auf vorgewärmten Tellern anrichten.

Geschmorter Kalbstafelspitz

Zutaten für 4 Personen

1 Zwiebel · 1 Karotte
150 g Knollensellerie · 2 Tomaten
1,2 kg Kalbstafelspitz
(küchenfertig)
Salz · Pfeffer aus der Mühle
2–3 EL Öl
1 TL Puderzucker
1 EL Tomatenmark
300 ml kräftiger Rotwein
100 g passierte Tomaten
(aus der Dose)
½ l Geflügelbrühe
1 Lorbeerblatt
4 Wacholderbeeren
1 TL schwarze Pfefferkörner
6 Pimentkörner
10 g gemischte getrocknete Pilze
1 Knoblauchzehe
(geschält und halbiert)
1 Streifen unbehandelte
Zitronenschale · 2 Thymianzweige
30 g kalte Butter
1–2 TL scharfer Senf

1 Den Backofen auf 150°C vorheizen. Zwiebel, Karotte und Knollensellerie schälen und klein schneiden. Die Tomaten waschen, halbieren und klein schneiden, dabei den Stielansatz entfernen. Den Kalbstafelspitz mit Salz und Pfeffer würzen.

2 In einem Bräter 1 bis 2 EL Öl erhitzen und den Tafelspitz darin bei mittlerer Hitze rundum anbraten, dann wieder herausnehmen. Den Puderzucker in den Topf stäuben und hell karamellisieren. Das Tomatenmark dazugeben und kurz mitrösten. Mit einem Drittel Rotwein ablöschen und sirupartig einköcheln lassen. Den restlichen Rotwein noch zweimal auf die gleiche Weise einköcheln lassen.

3 Das restliche Öl in einer Pfanne erhitzen und Zwiebel, Karotte und Sellerie darin bei mittlerer Hitze andünsten. Gemüse mit den Tomaten, den passierten Tomaten und der Brühe in den Bräter geben und den Tafelspitz daraufsetzen. Zugedeckt im Ofen auf der mittleren Schiene etwa 3 Stunden weich schmoren, den Tafelspitz dabei mehrmals wenden. Nach etwa 2 ½ Stunden das Lorbeerblatt, die Wacholderbeeren, die Pfeffer- und Pimentkörner sowie die getrockneten Pilze in die Sauce geben.

4 Das Fleisch aus dem Bräter nehmen und warm stellen. Die Sauce durch ein Sieb in einen Topf gießen und das Gemüse dabei kräftig ausdrücken. Knoblauch, Zitronenschale und Thymianzweige einige Minuten bei milder Hitze in der Sauce ziehen lassen und wieder entfernen. Die kalte Butter in kleinen Stücken und den Senf unterrühren. Die Sauce mit Salz und Pfeffer abschmecken, das Fleisch gegen den Faserverlauf in Scheiben schneiden und in der Sauce erhitzen. Die Fleischscheiben mit der Sauce auf vorgewärmten Tellern anrichten.

Tipp

Möchten Sie das Gemüse zum Fleisch servieren, gießen Sie die Sauce durch ein Sieb, drücken das Gemüse dabei aber nicht aus, sondern stellen es warm.

Kalbsrahmbraten

1 Den Backofen auf 150°C vorheizen. Zwiebeln, Karotte und Knollensellerie schälen und in 1 bis 2 cm große Würfel schneiden. Die Tomaten waschen, halbieren und achteln, dabei die Stielansätze entfernen.

2 In einem Bräter 1 bis 2 EL Öl erhitzen und die Kalbsnuss darin bei mittlerer Hitze rundum anbraten. Das Fleisch herausnehmen und den Bräter mit Küchenpapier trocken tupfen. Den Puderzucker hineinstäuben und hell karamellisieren. Das Tomatenmark dazugeben und etwas anrösten. Mit der Hälfte des Rotweins ablöschen und die Flüssigkeit sirupartig einköcheln lassen. Den restlichen Rotwein angießen, nochmals einköcheln lassen und die Brühe dazugießen.

3 Das restliche Öl in einer Pfanne erhitzen. Zwiebeln, Karotte und Sellerie darin andünsten und mit den Tomaten in den Bräter geben. Das Kalbfleisch daraufsetzen und zugedeckt im Ofen auf der mittleren Schiene etwa 3 Stunden schmoren, dabei hin und wieder wenden.

4 Etwa 20 Minuten vor Ende der Garzeit die getrockneten Pilze, das Lorbeerblatt und die Wacholderbeeren in die Sauce geben. Zum Schluss die Sahne unterrühren. Petersilie, Knoblauch und Zitronenschale hinzufügen und einige Minuten in der Sauce ziehen lassen.

5 Den Braten herausnehmen und in Scheiben schneiden. Die Sauce durch ein Sieb gießen, dabei das Gemüse gut ausdrücken und die Sauce mit Salz und 1 Prise Cayennepfeffer abschmecken. Das Fleisch nochmals in der Sauce erhitzen.

Zutaten für 4 Personen

2 Zwiebeln · 1 Karotte
100 g Knollensellerie
2 reife Tomaten
2–3 EL Öl
1 1/2 kg Kalbsnuss (küchenfertig)
1 TL Puderzucker
1 EL Tomatenmark
150 ml kräftiger Rotwein
1/2 l Geflügelbrühe
10 g getrocknete Champignons
oder Egerlinge
1 Lorbeerblatt
3 Wacholderbeeren
100 g Sahne
2 Petersilienstiele
1 Knoblauchzehe
(geschält und halbiert)
1 Streifen unbehandelte
Zitronenschale
Salz · Cayennepfeffer

Tipp

Wenn Sie die Sahne durch saure Sahne ersetzen, darf die Sauce nicht mehr kochen, da saure Sahne im Gegensatz zu süßer Sahne bei zu hohen Temperaturen ausflockt. Sollte das dennoch einmal passieren, können Sie die Sauce mit dem Stabmixer wieder glatt mixen.

Gefüllte Kalbsbrust mit Schmorgemüse

Für die Füllung:

150 g Kalbsbrät · 2 EL Sahne

je ½ TL frisch gehackter Knob-

lauch und Ingwer

1 Msp. fein gehackte

unbehandelte Zitronenschale

je 50 g sehr kleine Karotten- und

Lauchwürfel · Salz

120 g Weißbrot (vom Vortag)

100 ml Milch · 1 Ei

Pfeffer aus der Mühle

frisch geriebene Muskatnuss

1 kleine Zwiebel · 3 EL Butter

1 EL gehackte Petersilie

Für die Kalbsbrust:

1½ kg Milchkalbsbrust

Salz · Pfeffer aus der Mühle

1 TL Puderzucker

1 TL Tomatenmark

¼ l Weißwein · ¼ l Geflügelbrühe

2 Zwiebeln · 1 Karotte

150 g Knollensellerie

1 Lorbeerblatt

1 halbierte Knoblauchzehe

1 kleiner Rosmarinzweig

2 EL Butter

1 Für die Füllung das Kalbsbrät mit der Sahne glatt rühren und Knoblauch, Ingwer und Zitronenschale untermischen. Die Gemüsewürfel in Salzwasser bissfest blanchieren, in Eiswasser abschrecken, auf einem Sieb abtropfen lassen, etwas ausdrücken und unter das Kalbsbrät rühren.

2 Das Weißbrot in ½ bis 1 cm große Würfel schneiden. Die Milch aufkochen, vom Herd nehmen. Das Ei in der Milch verquirlen und mit Salz, Pfeffer und Muskatnuss würzen. Über die Brotwürfel gießen und zugedeckt 5 bis 10 Minuten ziehen lassen. Die Zwiebel schälen, in kleine Würfel schneiden und in Butter bei milder Hitze glasig dünsten. Mit der Petersilie unter die Knödelmasse rühren und mit dem Kalbsbrät vermischen.

3 Für die Kalbsbrust mit einem scharfen Messer eine Tasche in die Kalbsbrust schneiden, innen und außen mit Salz und Pfeffer würzen. Die Tasche mit der Brätmasse füllen und die offene Seite mit einem Schaschlikspieß oder Rouladennadeln verschließen.

4 Den Backofen auf 150°C vorheizen. Den Puderzucker in einem Bräter karamellisieren, das Tomatenmark dazugeben und kurz mitrösten. Mit einem Drittel Wein ablöschen und das Ganze sirupartig reduzieren lassen. Nach und nach den restlichen Wein dazugießen und ebenfalls einkochen lassen. Die Brühe dazugießen, die Kalbsbrust hineinlegen und im Backofen 3 bis 3½ Stunden schmoren. Dabei die Kalbsbrust häufig mit dem Schmorsud begießen.

5 Das Gemüse schälen, in 1 bis 2 cm große Stücke schneiden und nach 2 Stunden Garzeit um das Fleisch herum verteilen. 15 Minuten vor Garzeitende Lorbeerblatt, Knoblauch und Rosmarin hinzufügen.

6 Die Sauce durch ein Sieb gießen, die Gewürze aus dem Gemüse entfernen. Sauce mit Salz und Pfeffer abschmecken und die Butter darin schmelzen lassen. Kalbsbrust in Scheiben schneiden und mit Schmorgemüse und Sauce auf Tellern anrichten. Dazu passen Semmelknödel oder Salzkartoffeln.

Kalbsrücken mit Steinpilzen

Zutaten für 4 Personen
Für die Pfeffersauce:
1 EL schwarze Pfefferkörner
1 TL Puderzucker · 2 cl Cognac
¼ l Geflügelbrühe · 100 g Sahne
1 Scheibe Knoblauch
30 g kalte Butter
Salz · Cayennepfeffer
frisch geriebene Muskatnuss

Für die Pilze:
400 g Steinpilze
2 EL Öl · 2 EL Butter
Salz · Pfeffer aus der Mühle
1 EL gehackte Petersilie

Für den Kalbsrücken:
4 Scheiben Kalbsrücken
(à 150–180 g; 2 cm dick)
Salz · Pfeffer aus der Mühle
1–2 EL Öl

1 Für die Sauce die Pfefferkörner im Mörser grob zerstoßen, feinen Staub absieben und den Pfefferschrot in einer Pfanne 1 bis 2 Minuten anrösten.

2 Den Puderzucker in einem Topf bei mittlerer Hitze karamellisieren, mit dem Cognac ablöschen und sofort mit einem langen Streichholz entzünden. Sobald der Alkohol verbrannt ist, die Brühe dazugießen, geröstete Pfefferkörner, Sahne und Knoblauch hinzufügen und die Sauce 15 bis 20 Minuten bei milder Hitze köcheln lassen.

3 Für die Pilze die Steinpilze putzen, nicht waschen, nur trocken abreiben, und in dünne Scheiben schneiden. Portionsweise in einer heißen Pfanne bei mittlerer Hitze im Öl in etwa 3 Minuten hellbraun anbraten. Zum Schluss die Butter dazugeben und schmelzen lassen, mit Salz und Pfeffer würzen und mit Petersilie bestreuen.

4 Die Sauce durch ein Sieb gießen. Die Butter in Stückchen dazugeben und die Sauce nochmals aufmixen, mit Salz, Cayennepfeffer und Muskatnuss abschmecken.

5 Für den Kalbsrücken die Kalbsrückenscheiben mit dem Handballen etwas flach drücken. Mit Salz und Pfeffer würzen und in einer Pfanne bei mittlerer Hitze im Öl auf jeder Seite 2 bis 3 Minuten braten. Die Pfanne vom Herd nehmen und die Kalbsscheiben noch etwas darin ziehen lassen.

6 Den Kalbsrücken mit den Steinpilzen und der flambierten Pfeffersauce servieren. Dazu passen Spätzle.

Tipp

Sie können auch einen Kalbsrücken (etwa 1 kg) im Ganzen braten. Dazu den Kalbsrücken zuerst in etwas Öl in einer Pfanne anbraten und dann im Backofen bei 100 °C auf dem Ofengitter 2 Stunden rosa garen. Zum Schluss mit Salz und Pfeffer würzen.

Kalbsrouladen mit Kartoffelpüree

1 Für die Füllung die Zwiebel schälen und in kleine Würfel schneiden. In einer Pfanne im Öl bei milder Hitze glasig dünsten und vom Herd nehmen. Piment, Pfefferkörner, die zerstoßene Zimtrinde und das zerbröselte Lorbeerblatt in eine Gewürzmühle füllen.

2 Den Mozzarella in kleine Würfel schneiden. Salami und abgetropfte Tomaten klein schneiden. Die Kapern klein hacken, die Oliven halbieren, entsteinen und in Streifen schneiden. Die Pinienkerne in einer Pfanne ohne Fett rösten, abkühlen lassen und hacken. Zwiebel, Mozzarella, Salami, Tomaten, Kapern, Oliven, Pinienkerne und Thymian vermischen, mit Salz und den Gewürzen aus der Mühle würzen.

3 Für die Kalbsrouladen die Zwiebel schälen und in ½ cm große Würfel schneiden. Die Tomaten waschen und den Stielansatz entfernen. Die Tomaten in ½ bis 1 cm große Würfel schneiden.

4 Die Kalbslende in 20 sehr dünne Scheiben schneiden, zwischen zwei Lagen geölter Frischhaltefolie dünn klopfen, leicht mit Salz und Pfeffer würzen. Die Füllung darauf verteilen, die Scheiben zu kleinen Rouladen aufrollen und feststecken.

5 Die Zwiebelwürfel in einer tiefen Pfanne in 1 EL Öl bei mittlerer Hitze glasig dünsten, das Tomatenmark unterrühren und kurz mitrösten. Mit den Weinen ablöschen und die Brühe angießen. Die Flüssigkeit etwas reduzieren lassen, Tomaten und Salbei hinzufügen und mit den Gewürzen aus der Mühle würzen.

6 Die Rouladen in einer Pfanne im restlichen Öl bei mittlerer Hitze von allen Seiten anbraten, dabei zuerst auf die Nahtseite legen. Dann in der Sauce zugedeckt 5 bis 8 Minuten schmoren.

7 Für das Püree die Kartoffeln schälen und in der Brühe mit Knoblauch und Lorbeerblatt weich köcheln. Abgießen, durch die Kartoffelpresse drücken und nach und nach die Milch unterrühren. Die Butter hinzufügen und das Püree mit Salz und Muskatnuss würzen.

8 Den Spinat verlesen, waschen und abtropfen lassen, grobe Stiele entfernen. Zwiebel im Olivenöl bei milder Hitze glasig dünsten. Spinat kurz mitdünsten, die kalte Butter unterrühren. Mit Salz und Cayennepfeffer würzen und unter das Püree ziehen. Mit den Kalbsrouladen anrichten.

Zutaten für 4 Personen
Für die Füllung:

1 Zwiebel · 1 EL Öl
1 EL Pimentkörner
1 EL schwarze Pfefferkörner
2 cm Zimtrinde · 1 Lorbeerblatt
500 g Mozzarella
100 g scharfe italienische Salami
60 g getrocknete Tomaten (in Öl)
2 TL eingelegte Kapern
je 20 g schwarze und grüne Oliven
1 EL Pinienkerne
1 EL gehackter Thymian · Salz

Für die Kalbsrouladen:

1 kleine Zwiebel · 5 reife Tomaten
500 g Kalbslende (küchenfertig)
Salz · Pfeffer aus der Mühle
3 EL Öl · 1 TL Tomatenmark
4 cl Vin Santo (ital. Dessertwein)
80 ml Rotwein
¼ l Geflügelbrühe · 2 Salbeiblätter

Für das Püree:

1 kg Kartoffeln · 1,3 l Gemüsebrühe
1 Knoblauchzehe
1 kleines Lorbeerblatt
¼ l heiße Milch · 3 EL Butter
Salz · frisch geriebene Muskatnuss
120 g Spinatblätter
1½ kleine Zwiebel (in Würfeln)
1 EL Olivenöl · 1 EL kalte Butter
Cayennepfeffer

Geschmorte Kalbshaxenscheiben

Zutaten für 4 Personen
Für die Haxenscheiben:
1 Zwiebel · 1 Karotte
150 g Knollensellerie
4 Scheiben Kalbshaxe
(jeweils 3–4 cm dick,
ca. 1 1/2 kg; küchenfertig)
Salz · Pfeffer aus der Mühle
2 EL Olivenöl
1 EL Tomatenmark · 1/8 l Rotwein
400 ml Geflügelbrühe
1 Knoblauchzehe
1 Lorbeerblatt · 1 Rosmarinzweig
2 Streifen unbehandelte
Zitronenschale

Für den Spargel:
400 g grüner Spargel
1 EL Olivenöl
1/8 l Gemüsebrühe
1 Msp. abgeriebene unbehandelte
Orangenschale · 1 EL Butter
Salz · Pfeffer aus der Mühle
Cayennepfeffer
10 Cocktailtomaten
2 EL gehackte Petersilie

1 Für die Haxenscheiben Zwiebel, Karotte und Knollensellerie schälen und in kleine Würfel schneiden. Die Fleischscheiben mit Salz und Pfeffer würzen. In einem breiten Topf im Olivenöl bei mittlerer Hitze von beiden Seiten anbraten und aus dem Topf nehmen. Die Gemüsewürfel im Topf bei milder Hitze andünsten. Das Tomatenmark dazugegen und kurz mitrösten. Mit dem Wein ablöschen und sirupartig einkochen lassen. Die Brühe angießen und das Fleisch auf das Gemüse legen.

2 Die Kalbshaxenscheiben zugedeckt bei milder Hitze etwa 1 1/2 Stunden schmoren, bis das Fleisch weich ist. Dabei ein- bis zweimal wenden. Den ungeschälten Knoblauch halbieren und 10 Minuten vor Ende der Garzeit mit dem Lorbeerblatt, dem Rosmarin und der Zitronenschale hinzufügen.

3 Die Fleischscheiben aus der Sauce nehmen und Knoblauch, Lorbeerblatt, Rosmarin und Zitronenschale wieder entfernen. Die Sauce durch ein Sieb passieren, falls nötig, noch etwas einkochen lassen und mit Salz und Pfeffer abschmecken.

4 Für den Spargel den grünen Spargel waschen, im unteren Drittel schälen und die holzigen Enden entfernen. Den Spargel längs halbieren und schräg in 3 bis 4 cm lange Stücke schneiden.

5 Das Olivenöl in einer Pfanne erhitzen und den Spargel darin bei milder Hitze anbraten. Die Brühe angießen und den Spargel etwa 4 Minuten garen. Die Orangenschale mit der Butter dazugeben und den Spargel mit Salz, Pfeffer und Cayennepfeffer abschmecken. Die Tomaten waschen, halbieren oder vierteln und mit der Petersilie zum Spargelgemüse geben.

6 Die Kalbshaxenscheiben mit reichlich Sauce und dem Spargelgemüse auf vorgewärmten Tellern anrichten.

Tipp

Da Kalbshaxenscheiben nicht immer beim Metzger vorrätig sind, bestellen Sie sie am besten vor.
Sie können das Gericht natürlich auch ohne Spargel zubereiten. Dann die Tomaten mit dem Fleisch garen.

Kalbshaxe im Ganzen geschmort

Zutaten für 4 Personen
2 Zwiebeln
1 Karotte
120 g Knollensellerie
2–3 EL Öl
1 Kalbshaxe (3 kg; küchenfertig)
2 TL Puderzucker
1 EL Tomatenmark
150 ml Rotwein
1/2 l Geflügelbrühe
1 Lorbeerblatt
1/2 TL schwarze Pfefferkörner
1 Knoblauchzehe (geschält)
1 Scheibe Ingwer
1 Streifen unbehandelte
Zitronenschale
1 Thymianzweig
Salz · Pfeffer aus der Mühle

1 Den Backofen auf 160 °C vorheizen. Die Zwiebeln, die Karotte und den Knollensellerie schälen. Die Zwiebeln klein schneiden, Karotte und Sellerie in Stücke schneiden.

2 In einem Bräter 1 bis 2 EL Öl erhitzen. Die Kalbshaxe darin bei mittlerer Hitze rundum anbraten und herausnehmen. Das Fett mit Küchenpapier aus dem Bräter tupfen. Den Puderzucker in den Bräter stäuben und hell karamellisieren. Das Tomatenmark dazugeben und kurz mitrösten. Mit der Hälfte des Weins ablöschen und sirupartig einköcheln lassen. Den restlichen Rotwein angießen und ebenfalls einköcheln lassen.

3 Das restliche Öl in einer Pfanne erhitzen und das Gemüse bei mittlerer Hitze darin andünsten. Gemüse in den Bräter geben und die Brühe angießen. Die Kalbshaxe daraufsetzen und zugedeckt im Ofen auf der mittleren Schiene 4 1/2 Stunden schmoren, dabei mehrmals wenden. Nach 2 Stunden den Deckel abnehmen und die Kalbshaxe gelegentlich mit der Sauce begießen.

4 Die Kalbshaxe aus dem Bräter nehmen. Das Lorbeerblatt und die Pfefferkörner in die Sauce geben und die Sauce bei mittlerer Hitze auf dem Herd etwas einköcheln lassen. Knoblauch, Ingwer, Zitronenschale und Thymian einige Minuten in der Sauce ziehen lassen. Die Sauce durch ein Sieb gießen und das Gemüse dabei gut ausdrücken. Die Sauce mit Salz abschmecken. Die Kalbshaxe in Scheiben schneiden, mit Salz und Pfeffer würzen und mit der Sauce anrichten.

Tipp

Noch saftiger wird die Kalbshaxe nach folgender Methode: Die Haxe nicht anbraten, sondern 1 bis 2 Stunden dämpfen. Dann den Puderzucker karamellisieren und mit den restlichen Zutaten wie oben beschrieben die Sauce ansetzen. Die Kalbshaxe daraufgeben, schmoren und wie beschrieben fertigstellen.

Kalbsfilet im Schinken-Spinat-Mantel

1 Für das Kalbsfilet den Backofen auf 100°C vorheizen, ein Ofengitter auf die mittlere Schiene und darunter ein Abtropfblech schieben. Den Spinat verlesen, waschen und abtropfen lassen, grobe Stiele entfernen. Den Spinat kurz in Salzwasser blanchieren, kalt abschrecken und zwischen zwei Lagen Küchenpapier gut abtropfen lassen. Die Schinkenscheiben dicht mit den Spinatblättern belegen.

2 Die Filetstücke dünn mit Olivenöl bestreichen. Die Stücke jeweils so auf 1 Schinkenscheibe legen und darin einrollen, dass die Schnittflächen der Filets frei liegen. Die Schinkenscheiben außen dünn mit Olivenöl bestreichen. Die Filets auf der Schnittfläche in einer Pfanne im restlichen Olivenöl bei mittlerer Hitze anbraten. Auf das Ofengitter legen und im Ofen 45 bis 60 Minuten rosa garen.

3 Für das Gemüse den Chicorée in einzelne Blätter teilen, dabei den Strunk entfernen. Die Blätter 1 Stunde in Wasser einweichen, abtropfen lassen und quer in 1 bis 2 cm breite Streifen schneiden. Den Spinat verlesen, waschen und abtropfen lassen, grobe Stiele entfernen. Die Zwiebel schälen und in kleine Würfel schneiden. Den Knoblauch schälen und in dünne Scheiben schneiden.

4 Den Chicorée mit der Zwiebel, dem Knoblauch und der Vanilleschote im Olivenöl glasig andünsten. Den Spinat mit der Gemüsebrühe dazugeben und zusammenfallen lassen, mit Salz, Pfeffer und Muskatnuss würzen. 1 EL Butter unterrühren und die Vanilleschote entfernen. Die Birne waschen, vierteln, entkernen und in dünne Spalten schneiden. In einer Pfanne in der restlichen Butter bei milder Hitze anbraten, mit Pfeffer würzen.

5 Für die Kartoffelchips die Kartoffeln schälen und in 3 mm dicke Scheiben schneiden. Kurz in kaltes Wasser legen und abtropfen lassen. In einer Pfanne im Olivenöl 5 Minuten goldbraun braten. Auf Küchenpapier abtropfen lassen, mit Salz und Pfeffer würzen.

6 Die Kalbsfilets aus dem Ofen nehmen, quer halbieren und mit Salz und Pfeffer würzen. Das Gemüse und die Birnenspalten auf vorgewärmte Teller verteilen, die Kalbsfilets darauf anrichten und die Kartoffelchips dazu servieren.

Zutaten für 4 Personen
Für das Kalbsfilet:

100 g Blattspinat · Salz
4 Scheiben San-Daniele-Schinken
4 Stücke Kalbsfilet
(à 100–120 g; küchenfertig)
2–3 EL Olivenöl
Pfeffer aus der Mühle

Für das Gemüse:

2 Stauden Chicorée
300 g Babyspinat
(oder Blattspinat)
1 Zwiebel
1 junge Knoblauchzehe
1/4 Vanilleschote
1 EL Olivenöl
70 ml Gemüsebrühe
Salz · Pfeffer aus der Mühle
frisch geriebene Muskatnuss
2 EL Butter · 1 rote Birne

Für die Kartoffelchips:

300 g kleine festkochende Kartoffeln
2 EL Olivenöl
Salz · Pfeffer aus der Mühle

Rosa gegartes Roastbeef mit Senfsauce

Zutaten für 4 Personen
Für das Roastbeef:
600 g Roastbeef
(ohne Knochen und Fettschicht)
Salz · Pfeffer aus der Mühle
1–2 EL Öl

Für den Salat:
2 Salatgurken · Salz
200 g Erbsen · 3 reife Tomaten

Für das Dressing:
2–3 EL Weißweinessig
100 ml Geflügelbrühe
Salz · Zucker
1 EL Walnussöl · 2 EL Öl
2 EL gehackter Dill

Für die Senfsauce:
100 g Crème fraîche · 50 g Sahne
1 TL scharfer Senf
Salz · Cayennepfeffer · Zucker

1 Für das Roastbeef den Backofen auf 120 °C vorheizen. Das Ofengitter auf die mittlere Schiene und darunter ein Abtropfblech schieben. Das Roastbeef mit Salz und Pfeffer würzen und in einer entsprechend großen Pfanne im Öl bei mittlerer Hitze rundum hell anbraten, sodass sich die Poren schließen. Das Roastbeef aus der Pfanne nehmen, auf das Ofengitter legen und im vorgeheizten Ofen etwa 1 Stunde rosa garen. Einen Holzlöffel zwischen Ofen und Tür stecken, damit das Fleisch bei trockener Hitze gart. Das gegarte Roastbeef bei Zimmertemperatur abkühlen lassen.

2 Für den Salat die Salatgurken schälen, der Länge nach halbieren, die Kerne entfernen und die Gurken in sehr dünne Scheiben schneiden. Mit etwas Salz bestreuen, vermischen und auf ein Sieb geben.

3 Die Erbsen in reichlich kochendem Salzwasser bissfest blanchieren, in kaltem Wasser abschrecken und auf einem Sieb abtropfen lassen. Von den Tomaten die Stielansätze entfernen, die Tomaten überbrühen, kalt abschrecken, häuten, halbieren, entkernen und in kleine Würfel schneiden.

4 Für das Dressing Essig, Brühe, etwas Salz, 1 Prise Zucker und beide Ölsorten verrühren. Tomatenwürfel, Gurken und Erbsen mit dem Dressing mischen und zuletzt den Dill darüberstreuen.

5 Für die Senfsauce die Crème fraîche mit der Sahne und dem Senf glatt rühren und mit Salz, Cayennepfeffer und 1 Prise Zucker abschmecken.

6 Das abgekühlte Roastbeef mit einem scharfen Messer in dünne Scheiben schneiden. Mit dem Gurken-Erbsen-Salat und der Senfsauce servieren.

Tipp

Das Roastbeef lässt sich auch gut schon am Vortag zubereiten. Das Fleisch nach dem Abkühlen zugedeckt im Kühlschrank aufbewahren.

Zwiebelfleisch

Zutaten für 4 Personen
Für das Zwiebelfleisch:

1,2 kg gepökelte Rinderbrust
500 g Zwiebeln · 2 Lorbeerblätter
2 Gewürznelken
2 EL Butter
1 EL Puderzucker
1 EL Tomatenmark
50 ml roter Portwein
300 ml Rotwein
1/2 l Geflügelbrühe
100 g getrocknete Aprikosen
1 EL gelbe Senfkörner
1 Streifen unbehandelte
Zitronenschale
2 Scheiben Knoblauch
2 Scheiben Ingwer
1 Thymianzweig
Salz · getrockneter Majoran
Pfeffer und Piment aus der Mühle

Für das Kartoffel-Endivien-Püree:

1 kg Kartoffeln · Salz
1 TL ganzer Kümmel
ca. 1/4 l Milch · 30 g kalte Butter
60 g durchwachsener Speck
1 EL Öl
1/4 Kopf Endiviensalat
etwas frisch geriebene Muskatnuss

1 Für das Zwiebelfleisch Wasser in einem Topf aufkochen. Die Rinderbrust waschen, abtropfen lassen und in das kochende Wasser legen. 1 Zwiebel mit 1 Lorbeerblatt und den Nelken spicken und dazugeben. Die Hitze reduzieren und das Fleisch 1 Stunde knapp unter dem Siedepunkt mehr ziehen als köcheln lassen.

2 Die restlichen Zwiebeln schälen und in Streifen schneiden. In einer Pfanne in der Butter langsam bräunen.

3 Den Puderzucker in einen großen, breiten Topf sieben und bei mittlerer Hitze karamellisieren. Das Tomatenmark dazugeben und kurz mitrösten. Mit Portwein und einem Drittel des Rotweins ablöschen und einkochen lassen. Den übrigen Rotwein in 2 Portionen dazugeben und ebenfalls einkochen lassen. Die Brühe dazugießen, das Fleisch aus dem Wasser nehmen und mit den angebratenen Zwiebeln in die Sauce geben. Das Fleisch bei milder Hitze in weiteren 2 Stunden zugedeckt weich schmoren, dabei das Fleisch ab und zu wenden.

4 Die Aprikosen halbieren und nach 1½ Stunden mit den Senfkörnern und mit 1 Lorbeerblatt zum Schmorbraten geben. Einige Minuten vor Garzeitende die Zitronenschale, den Knoblauch, den Ingwer und den Thymian dazugeben. Zum Schluss die Gewürze wieder entfernen und die Sauce mit Salz, 1 Prise Majoran, Pfeffer und Piment würzen.

5 Für das Kartoffel-Endivien-Püree die Kartoffeln waschen, in Salzwasser mit Kümmel weich kochen, abgießen, heiß schälen und durch eine Kartoffelpresse drücken. Die Milch erhitzen und langsam zu den Kartoffeln geben. So viel Milch unterrühren, bis das Püree sämig und locker ist. Die Butter unterrühren.

6 Die Speckscheiben in 1 cm breite Streifen schneiden, in einer Pfanne bei mittlerer Hitze im Öl kross anbraten, herausnehmen und auf Küchenpapier abtropfen lassen. Den Endiviensalat waschen, gut abtropfen lassen und in dünne Streifen schneiden. Speck- und Salatstreifen unter das warme Kartoffelpüree mischen und mit Muskatnuss und Salz abschmecken. Das Fleisch in Scheiben schneiden und mit dem Karoffelpüree und der Sauce servieren.

Böfflamott

1 Den Backofen auf 160 °C vorheizen. Zwiebeln, Knollensellerie und Karotte schälen und in 1 cm große Würfel schneiden.

2 In einem Schmortopf 1 bis 2 EL Öl erhitzen und die Rinderschulter bei mittlerer Hitze rundum anbraten, wieder herausnehmen. 1 EL Puderzucker hineinstäuben und hell karamellisieren lassen. Das Tomatenmark dazugeben und kurz anrösten. Mit dem Weinbrand und einem Drittel Rotwein ablöschen und sirupartig einkochen lassen. Den restlichen Rotwein nach und nach angießen und jeweils einköcheln lassen.

3 Das restliche Öl in einer Pfanne erhitzen und die Gemüsewürfel darin bei mittlerer Hitze andünsten. Das Gemüse und die Brühe in den Schmortopf geben. Die Rinderschulter daraufsetzen und zugedeckt im Ofen auf der untersten Schiene etwa 3 1/2 Stunden schmoren, dabei das Fleisch ab und zu wenden.

4 Das Fleisch herausnehmen und warm stellen. Den Piment, den Pfeffer, den Zimt, die Wacholderbeeren und das Lorbeerblatt in die Sauce geben und die Sauce um etwa die Hälfte einköcheln lassen. Den Knoblauch, den Ingwer und die Zitronen- und Orangenschale hinzufügen und 5 Minuten in der Sauce ziehen lassen. Die Sauce durch ein Sieb gießen, dabei das Gemüse etwas ausdrücken.

5 In einer Pfanne den restlichen Puderzucker bei milder Hitze hell karamellisieren, mit Essig ablöschen und sirupartig einköcheln lassen. Die Butter in Stücken in die Schmorsauce rühren und mit dem Essigsirup, Salz und etwas Cayennepfeffer abschmecken. Das Böfflamott in Scheiben schneiden und mit der Sauce auf vorgewärmten Tellern anrichten.

Zutaten für 4 Personen

2 Zwiebeln · 100 g Knollensellerie

1 kleine Karotte

2–3 EL Öl

1 1/2 kg flache Rinderschulter

(Schaufelbug; küchenfertig)

2 EL Puderzucker

1 EL Tomatenmark

5 EL Weinbrand

350 ml kräftiger Rotwein

1 l Geflügelbrühe

je 1/2 TL Piment- und Pfefferkörner

1 Stück Zimtrinde

5 Wacholderbeeren (leicht

angedrückt) · 1 Lorbeerblatt

1 Knoblauchzehe

(geschält und halbiert)

2 Scheiben Ingwer

je 1 Streifen unbehandelte

Zitronen- und Orangenschale

50 ml Rotweinessig

40 g kalte Butter

Salz · Cayennepfeffer

Tipp

Das bayerische Böfflamott ist eine Abwandlung des französischen Bœuf à la mode, das die Franzosen unter Napoleon im 19. Jahrhundert nach Bayern brachten. Ähnlich dem Sauerbraten kann das Rindfleisch auch 3 Tage in einer Beize aus Rotwein, Essig und Gewürzen mariniert werden.

Sauerbraten

Zutaten für 4 Personen

ca. 650 ml kräftiger Rotwein

80 ml Rotweinessig

1 1/2 kg flache Rinderschulter
(Schaufelbug) · 1–2 EL Öl

2 Zwiebeln · 100 g Knollensellerie

1 Karotte · 1 EL Puderzucker

1–2 EL Tomatenmark

1/4 l Geflügelbrühe

1 Stück Brotrinde

1–2 Lorbeerblätter

1 Knoblauchzehe (in Scheiben)

2 Scheiben Ingwer

1 ausgekratzte Vanilleschote

1/2 Zimtrinde

1 TL Wacholderbeeren

je 1/2 TL Piment- und
schwarze Pfefferkörner

1 getrocknete Chilischote

1–2 EL gelbe Senfkörner

1 TL Korianderkörner

1 EL Speisestärke

Salz · Pfeffer aus der Mühle

1 Rotwein und Rotweinessig vermischen und das Fleisch darin 4 bis 5 Tage marinieren. Herausnehmen und trocken tupfen. Marinade beiseitestellen.

2 Die Rinderschulter in einer Pfanne im Öl auf beiden Seiten anbraten. Das Gemüse schälen und in Würfel schneiden.

3 Den Puderzucker in einen Topf stäuben und hell karamellisieren. Das Gemüse dazugeben und etwas anbraten. Das Tomatenmark hinzufügen und unter Rühren anrösten. Die Rotweinmarinade dazugießen und das Fleisch hineinlegen.

4 Den Bratensatz aus der Pfanne mit der Brühe ablöschen und ebenfalls dazugeben. Das Fleisch sollte fast bedeckt sein. Einen Deckel so auflegen, dass noch ein Spalt offen bleibt, und das Fleisch knapp unter dem Siedepunkt 2 1/2 Stunden garen.

5 Das Brot klein schneiden und nach 2 Stunden Garzeit mit Lorbeerblättern, Knoblauch, Ingwer, Vanille und Zimt dazugeben. Wacholderbeeren, Piment- und Pfefferkörner, Chilischote, Senf- sowie Korianderkörner in einer Pfanne ohne Fett anrösten. Gewürze ebenfalls zum Fleisch geben und 30 Minuten ziehen lassen.

6 Das Fleisch aus der Sauce nehmen. Die Sauce durch ein Sieb in einen Topf gießen. Die Stärke mit etwas Wasser glatt rühren und die Sauce damit binden. Einmal aufkochen lassen. Sauce mit Salz und Pfeffer würzen.

7 Das Fleisch in Scheiben schneiden und mit der Sauce auf Tellern anrichten. Zum Sauerbraten passen Kartoffelknödel, -püree und Spätzle. Das Gemüse kann püriert oder in Stücken dazu serviert werden.

Tipp

Sauerbraten wird herkömmlich ohne Wein, nur in Wasser und Essig eingelegt. Besser schmeckt er aber, wenn man statt Wasser Rotwein und dafür weniger Essig verwendet. Statt Brotrinde können auch 20 g Saucenlebkuchen, 50 g Rosinen und 1/4 geschälter Apfel in Stücken mitgeschmort werden.

Filet Wellington

Zutaten für 4 Personen

250 g Champignons

3 Schalotten

2–3 EL Öl

Salz · Pfeffer aus der Mühle

350 g Kalbsbrät

120 g kalte Sahne

1 EL gehackte Petersilie

1 TL abgeriebene unbehandelte

Zitronenschale

Cayennepfeffer

frisch geriebene Muskatnuss

600 g Rinderfilet (Mittelstück)

4 Blätterteigplatten

(à 80 g; tiefgekühlt)

1 Eigelb

Mehl für die Arbeitsfläche

1 Die Champignons putzen, trocken abreiben und in sehr kleine Würfel schneiden. Die Schalotten schälen und in kleine Würfel schneiden. In einer großen Pfanne 1 EL Öl erhitzen und die Schalottenwürfel darin glasig dünsten. Die Champignons dazugeben und so lange mitgaren, bis die Flüssigkeit verdampft ist. Mit Salz und Pfeffer würzen und abkühlen lassen. Eventuell auf einem Sieb abtropfen lassen.

2 Das Kalbsbrät mit 100 g Sahne verrühren. Die Pilze, die Petersilie und die Zitronenschale untermischen und mit Salz, Pfeffer, Cayennepfeffer und Muskatnuss würzen. Die Kalbsbrätmischung kühl stellen.

3 Das restliche Öl in einer Pfanne erhitzen. Das Rinderfilet salzen, im Öl rundum anbraten und abkühlen lassen. Die Blätterteigplatten nebeneinander auslegen und bei Zimmertemperatur auftauen lassen.

4 Den Backofen auf 210°C vorheizen. Das Eigelb mit der restlichen Sahne verrühren. Die Blätterteigplatten aufeinanderlegen, dabei mit etwas Wasser bestreichen, damit sie aneinanderkleben, und auf der leicht bemehlten Arbeitsfläche zu einem 2 bis 3 mm dicken Rechteck von 20 x 40 cm Größe ausrollen. Knapp ein Drittel der Farce auf der Teigmitte verstreichen, das Rinderfilet darauf legen und mit der restlichen Farce bestreichen. Den Blätterteig darüber zusammenschlagen, die Teigenden mit der Ei-Sahne-Mischung bestreichen und andrücken.

5 Das Beef Wellington mit der Nahtseite nach unten auf ein mit Backpapier ausgelegtes Backblech setzen. Die Oberfläche mit dem restlichen Eigelb bestreichen und im Backofen auf der mittleren Schiene 35 bis 40 Minuten rosa backen. Bei geöffneter Backofentür noch kurz ruhen lassen. Mit einem scharfen Messer in Scheiben schneiden.

Tipp

Filet oder Beef Wellington ist ein Klassiker unter den Rindfleischgerichten. Es soll zu Ehren des Herzogs von Wellington (Arthur Wellesley) kreiert worden sein, der Napoleon in der Schlacht von Waterloo (1815) besiegte.

Senfrostbraten mit Kartoffelgemüse

1 Für das Gemüse die Kartoffeln waschen und in Salzwasser mit dem Kümmel weich garen. Abgießen, kurz ausdampfen lassen, pellen und in Scheiben schneiden. Die Bohnen putzen, waschen und in etwa 1 cm breite Stücke schneiden. In kochendem Salzwasser blanchieren, in ein Sieb abgießen und kalt abschrecken.

2 Das Öl in einer Pfanne erhitzen und die Kartoffelscheiben darin bei mittlerer Hitze hellbraun braten. Die Bohnen dazugeben und mitgaren. Das Gemüse mit Salz, Pfeffer, Kümmel und Bohnenkraut würzen. Kurz vor dem Servieren die Kräuter untermischen.

3 Für den Rostbraten die Zwiebeln schälen, in feine Würfel schneiden und etwa 3 Minuten blanchieren. In ein Sieb abgießen, kalt abschrecken und das Wasser mit den Händen gut ausdrücken. Die Zwiebeln mit Senf, Toastbröseln und Orangenschale verrühren.

4 Die Rinderlendenscheiben mit dem Handballen etwas flach drücken und mit Salz und Pfeffer würzen. Auf einer Seite mit dem Zwiebelsenf bestreichen und mit dem Mehl bestäuben.

5 Das Öl in einer Pfanne erhitzen und die Rinderlendenscheiben darin bei mittlerer Hitze zunächst auf der Senfseite goldbraun anbraten. Wenden und 3 Minuten auf der anderen Seite braten. Die Pfanne vom Herd nehmen und das Rindfleisch in der Resthitze einige Minuten ziehen lassen.

6 Das Kartoffel-Bohnen-Gemüse auf vorgewärmte Teller verteilen, den Rostbraten in Stücke schneiden und darauf anrichten.

Zutaten für 4 Personen
Für das Gemüse:

1 kg festkochende Kartoffeln
Salz · 1 TL ganzer Kümmel
400 g breite Bohnen
2 EL Öl
Pfeffer aus der Mühle
1 Msp. gemahlener Kümmel
1 TL getrocknetes Bohnenkraut
2 EL frisch gehackte Kräuter
(z. B. Dill, Petersilie, Liebstöckel)

Für den Rostbraten:

120 g Zwiebeln
80 g scharfer Senf
2 geh. EL Toastbrotbrösel
(frisch gerieben)
1 Msp. abgeriebene unbehandelte
Orangenschale
4 Scheiben Rinderlende (à 150 g)
Salz · Pfeffer aus der Mühle
60 g doppelgriffiges Mehl
3 EL Öl

Tipp

Die Senfmischung für die Kruste darf nicht zu flüssig werden. Deshalb ist es wichtig, dass die blanchierten Zwiebeln gut abgetropft und ausgedrückt werden. Weil Senf beim Erhitzen viel von seiner Schärfe verliert, sollten Sie für dieses Gericht unbedingt scharfen Senf verwenden.

Rinderkotelett mit gebratenem Gemüse

Zutaten für 4 Personen
Für das Kotelett:

250 g Cocktailtomaten

6 Rosmarinzweige

4 Knoblauchzehen

(geschält und halbiert)

3 EL Olivenöl

2 T-Bone-Steaks (à ca. 700 g;

gut abgehangen, küchenfertig,

ersatzweise Roastbeef)

Salz · Pfeffer aus der Mühle

2 EL Öl

2 TL Puderzucker

200 ml Rotwein

4 EL kalte Butter

Für das Gemüse:

je 1 rote und gelbe Paprikaschote

1 Zucchino · 1/2 Aubergine

3 EL Olivenöl

1 Knoblauchzehe

3 Thymianzweige

1 Streifen unbehandelte

Zitronenschale

Salz · Cayennepfeffer

1 Für das Kotelett den Backofen auf 100 °C vorheizen. Die Cocktailtomaten waschen, halbieren und mit dem Rosmarin und dem Knoblauch auf einem Backblech verteilen. Mit dem Olivenöl beträufeln.

2 Das Rindfleisch mit Salz und Pfeffer würzen. Das Öl in einer weiten Pfanne bei milder Hitze erwärmen. Das Fleisch darin von beiden Seiten anbraten. Auf die Cocktailtomaten legen und 30 bis 40 Minuten im Ofen garen.

3 Den Puderzucker in die Pfanne stäuben und hell karamellisieren. Mit dem Wein ablöschen, auf ein Drittel einkochen lassen und beiseitestellen.

4 Für das Gemüse die Paprikaschoten längs halbieren, entkernen und waschen. Die Hälften in Rauten schneiden. Den Zucchino putzen, waschen, längs halbieren und quer in dünne Scheiben schneiden. Die Aubergine putzen, waschen und in Rauten schneiden.

5 Das Olivenöl erhitzen und die Paprika darin anbraten, den Zucchino und die Aubergine hinzufügen und ebenfalls anbraten. Knoblauch schälen und halbieren und mit Thymian und Zitronenschale zum Gemüse geben. Mit Salz und Cayennepfeffer würzen und einige Minuten weiterbraten. Thymian, Knoblauch und Zitronenschale wieder entfernen.

6 Bratensaft, Knoblauch, Rosmarin und die Cocktailtomaten vom Backblech in die Rotweinsauce geben und erhitzen. Die kalte Butter darin schmelzen lassen. Das Paprikagemüse mit den Cocktailtomaten und der Sauce mischen, den Rosmarin wieder entfernen.

7 Das Gemüse auf vorgewärmte Teller verteilen. Das Fleisch in dünne Scheiben schneiden und auf dem Gemüse anrichten.

Tipp

Das T-Bone-Steak ist ein etwa 700 g schweres Steak mit Filetanteil und T-förmigem Knochen. Es wird aus der vorderen Hälfte des Roastbeefs geschnitten und ist gut durchwachsen und marmoriert.

Gefüllte Rinderrouladen

Zutaten für 4 Personen

Für die Rouladen:

½ kleine Zwiebel · 1 Karotte
50 g Knollensellerie
100 g Essiggurken
100 g durchwachsener
Räucherspeck · 1 EL Öl
1 EL getrocknete
Totentrompetenpilze
2 eingelegte Sardellenfilets
1–2 TL scharfer Senf
150 g Kalbsbrät (vom Metzger)
2 EL Sahne
1 Msp. abgeriebene
unbehandelte Zitronenschale
1 EL gehackte Petersilie
Cayennepfeffer · Salz
4 dünne Scheiben Rindfleisch
(à ca. 160 g; aus der Keule)

Für die Sauce:

1 Zwiebel · 120 g Knollensellerie
1 Karotte · 1 EL Öl
1 TL Puderzucker
1 EL Tomatenmark
150 ml kräftiger Rotwein
½ l Geflügelbrühe · 1 kleines
Lorbeerblatt · ½ Knoblauchzehe
1 Streifen unbehandelte
Zitronen- oder Orangenschale
10–20 g kalte Butter
Salz · Pfeffer aus der Mühle

1 Für die Rouladen Zwiebel, Karotte und Knollensellerie schälen und in kleine Würfel schneiden. Essiggurken und Räucherspeck ebenfalls in kleine Würfel schneiden. Das Öl in einer Pfanne erhitzen und die Speckwürfel darin bei mittlerer Hitze andünsten. Die Zwiebelwürfel hinzufügen, kurz mitdünsten, vom Herd nehmen und abkühlen lassen.

2 In einem kleinen Topf Wasser aufkochen. Die getrockneten Pilze hinzufügen und 5 Minuten kochen lassen. In ein Sieb abgießen, abkühlen lassen und klein schneiden. Die Sardellen fein hacken. Sardellen, Senf, Speck, Zwiebel, Gemüsewürfel, Pilze und Gurkenwürfel unter das Kalbsbrät mischen und die Sahne unterrühren. Mit Zitronenschale, Petersilie, 1 Prise Cayennepfeffer und falls nötig etwas Salz würzen.

3 Das Rindfleisch zwischen zwei Lagen geölter Frischhaltefolie mit der flachen Seite eines Schnitzelklopfers leicht klopfen. Je ein Viertel des Bräts auf eine Fleischscheibe verteilen und glatt streichen, dabei die Ränder frei lassen. Die Längsseiten der Rouladen etwas einschlagen, das Fleisch von der schmalen Seite her aufrollen und mit Rouladennadeln oder Holzspießchen feststecken.

4 Für die Sauce Zwiebel, Knollensellerie und Karotte schälen und in ½ cm große Würfel schneiden. Das Öl in einer Pfanne erhitzen, die Rouladen darin bei milder Hitze rundum anbraten und wieder herausnehmen. Das Gemüse in die Pfanne geben und andünsten.

5 Den Puderzucker in einen Schmortopf stäuben, hell karamellisieren und das Tomatenmark dazugeben und kurz anrösten. Mit Rotwein ablöschen und sirupartig einköcheln lassen. Die Gemüsewürfel hinzufügen und die Brühe angießen. Die Rouladen in die Sauce legen und zugedeckt etwa 2½ Stunden schmoren. Nach 2 Stunden das Lorbeerblatt hinzufügen. Am Ende der Garzeit Knoblauch und Zitronen- oder Orangenschale in die Sauce geben, einige Minuten darin ziehen lassen und wieder entfernen.

6 Die Rouladen herausnehmen und die Rouladennadeln oder Holzspießchen entfernen. Die Sauce durch ein Sieb abgießen, dabei das Gemüse etwas durchdrücken. Die Butter in die Sauce rühren. Mit Salz und Pfeffer würzen und die Rouladen in der Sauce erhitzen. Die Rouladen mit Salzkartoffeln servieren.

Rinderfilet mit Karotten-Birnen-Gemüse

1 Für das Rinderfilet den Backofen auf 100°C vorheizen. Ein Ofengitter auf die mittlere Schiene und darunter ein Abtropfblech schieben. Die Rindersteaks mit dem Handballen leicht flach drücken. Das Öl in einer Pfanne erhitzen und die Steaks darin bei mittlerer Hitze auf beiden Seiten kurz anbraten. Das Fleisch aus der Pfanne nehmen und im Backofen auf dem Ofengitter 50 bis 60 Minuten rosa garen.

2 Den Kardamom in einer beschichteten Pfanne leicht anrösten, die Butter dazugeben und zerlassen. Den Knoblauch schälen und in Scheiben schneiden. Die Chilischoten mit dem Knoblauch, der Vanilleschote und dem Thymian hinzufügen. Die Filetsteaks in der Gewürzbutter wenden und mit Salz und Pfeffer würzen.

3 Für das Gemüse die Karotten putzen, schälen und schräg in 2 bis 3 mm dicke Scheiben schneiden. Das Öl erhitzen und die Karotten bei mittlerer Hitze darin kurz andünsten. Die Brühe angießen, Vanilleschote und Knoblauch dazugeben und die Karotten zugedeckt bei milder Hitze etwa 8 Minuten garen. Die Butter hinzufügen und die Karotten mit Salz, Pfeffer und 1 Prise Cayennepfeffer abschmecken.

4 Die Birne waschen, vierteln, entkernen und in Spalten schneiden. In einer Pfanne bei mittlerer Hitze den Puderzucker hell karamellisieren, die Birnenspalten darin auf beiden Seiten anbraten und unter die Karotten mischen. Den Knoblauch und die Vanilleschote wieder entfernen.

5 Die Filetsteaks mit dem Karotten-Birnen-Gemüse auf vorgewärmten Tellern anrichten.

Zutaten für 4 Personen
Für das Rinderfilet:
4 Rinderfiletsteaks (à 200 g; aus dem Mittelstück)
1–2 TL Öl
1 TL grüne Kardamomkapseln
4 EL Butter
1 Knoblauchzehe
2 kleine rote Chilischoten
1/2 ausgekratzte Vanilleschote
1 Thymianzweig
Salz · Pfeffer aus der Mühle

Für das Gemüse:
2 Karotten · 1–2 TL Öl
1/8 l Gemüsebrühe
1/2 ausgekratzte Vanilleschote
1/2 Knoblauchzehe
1–2 EL Butter
Salz · Pfeffer aus der Mühle
Cayennepfeffer
1 reife, feste rotschalige Birne
1–2 TL Puderzucker

Tipp

Auf die gleiche Weise können Sie auch eine Rinderlende (etwa 1 kg; gut abgehangen) zubereiten. Dafür die Rinderlende zuerst rundum im Öl anbraten und anschließend im Backofen bei 100 °C auf dem Ofengitter 2½ Stunden rosa garen.

Tafelspitz mit Bouillongemüse

Zutaten für 4 Personen

2 EL Öl · 1,2 kg Tafelspitz

3 Zwiebeln

200 g Knollensellerie

1 Petersilienwurzel

2 Karotten

1 Knoblauchzehe

1 rote Chilischote

1 Lorbeerblatt

½ TL schwarze Pfefferkörner

3 Wacholderbeeren

Salz · Pfeffer aus der Mühle

1 EL Schnittlauchröllchen

1–2 EL frisch

geriebener Meerrettich

1 Das Öl in einem großen Topf erhitzen und das Fleisch darin rundum anbraten. Mit etwa 3 l Wasser auffüllen, bis das Fleisch gut bedeckt ist. Bei milder Hitze 3 Stunden mehr ziehen als köcheln lassen, den dabei aufsteigenden Schaum entfernen.

2 Eine Zwiebel ungeschält halbieren und die Schnittflächen in einer unbeschichteten Pfanne ohne Fett dunkel bräunen. Sellerie, Petersilienwurzel, Karotten und die restlichen Zwiebeln schälen. Petersilienwurzel und Karotten in Scheiben, Sellerie und Zwiebeln in etwa 1 cm große Stücke schneiden. Das Gemüse nach 1 Stunde zum Fleisch geben.

3 Den Knoblauch schälen und halbieren, die Chilischote längs halbieren, entkernen und waschen. Beides 30 Minuten vor Ende der Garzeit mit dem Lorbeerblatt, den Pfefferkörnern und den Wacholderbeeren zum Fleisch in die Brühe geben. Die Brühe mit Salz würzen.

4 Das Fleisch aus der Brühe nehmen, in fingerdicke Scheiben schneiden und auf vorgewärmten Tellern anrichten. Mit etwas Brühe beträufeln und mit Salz und Pfeffer würzen. Mit Schnittlauch und Meerrettich bestreuen.

Tipp

Eine typische Beilage sind Bouillonkartoffeln: Dafür 500 g geschälte Kartoffeln in 1 ½ cm große Würfel schneiden. Je 50 g geschälte Karotte, Sellerie und Petersilienwurzel sowie geputzten Lauch in kleine Würfel schneiden. Kartoffeln, Karotte, Sellerie und Petersilienwurzel in Gemüsebrühe 20 bis 30 Minuten gar ziehen lassen. 10 Minuten vor Ende der Garzeit den Lauch dazugeben. Das Gemüse mit wenig Brühe servieren.

Lammhaxerl mit Lauch

Zutaten für 4 Personen

1 große Zwiebel
1 Karotte
120 g Knollensellerie
½ Fenchelknolle
½ dünne Stange Lauch
2 EL Öl
4 Lammhinterhaxen
(à 300–350 g; küchenfertig)
1 EL Puderzucker
1 EL Tomatenmark
100 ml roter Portwein
¼ l kräftiger Rotwein
400 ml Geflügelbrühe
1 Lorbeerblatt
2 TL Speisestärke
1 Knoblauchzehe
(geschält und halbiert)
2 Scheiben Ingwer
1 Streifen unbehandelte
Zitronenschale
1 Thymianzweig
Salz · Pfeffer aus der Mühle

1 Die Zwiebel, die Karotte und den Knollensellerie schälen, die Fenchelknolle und den Lauch putzen und waschen. Alle Gemüsesorten in ½ bis 1 cm große Würfel schneiden. Den Backofen auf 140 °C vorheizen.

2 Das Öl in einem ofenfesten Schmortopf erhitzen und die Lammhaxen darin bei mittlerer Hitze rundum anbraten. Die Haxen herausnehmen und das Bratfett abgießen. Den Puderzucker in dem Topf hell karamellisieren, das Tomatenmark kurz darin anrösten und mit dem Portwein und einem Drittel des Rotweins ablöschen. Die Sauce sirupartig einköcheln lassen. Den restlichen Rotwein noch zweimal hinzufügen und jeweils einköcheln lassen.

3 Die Zwiebel-, Karotten-, Sellerie- und Fenchelwürfel in die Sauce geben und die Geflügelbrühe angießen. Die Lammhaxen in den Topf geben und im Ofen auf der mittleren Schiene zugedeckt etwa 3 ½ Stunden weich schmoren, dabei mehrmals wenden. 30 Minuten vor Ende der Garzeit die Lauchwürfel und das Lorbeerblatt in die Sauce geben.

4 Die Lammhaxen herausnehmen und die Sauce durch ein Sieb gießen. Das Lorbeerblatt entfernen und das Gemüse beiseitestellen. Die Sauce in einem Topf etwas einköcheln lassen. Die Speisestärke mit wenig kaltem Wasser glatt rühren, unter die Sauce rühren und 1 bis 2 Minuten sanft köcheln lassen. Den Topf vom Herd nehmen, den Knoblauch, den Ingwer, die Zitronenschale und den Thymian dazugeben, einige Minuten in der Sauce ziehen lassen und wieder entfernen. Mit Salz und Pfeffer abschmecken und das Gemüse und die Lammhaxen wieder in der Sauce erwärmen. Zum Servieren nach Belieben das Fleisch von den Knochen lösen und in Scheiben schneiden. Mit Gemüse und der Sauce anrichten.

Gekochte Lammschulter

Zutaten für 4 Personen

1 Lammschulter
(ca. 1,2 kg; ohne Knochen)
2 EL Öl
2–3 l Geflügelbrühe
2 festkochende Kartoffeln
1 Karotte
150 g Knollensellerie
1 Zwiebel
5 Pimentkörner
1 Lorbeerblatt
1 Thymianzweig
1 kleine getrocknete Chilischote
2 Knoblauchzehen (geschält)
1 Streifen unbehandelte
Zitronenschale
Salz · Pfeffer aus der Mühle

1 Die Lammschulter mit Küchengarn zusammenbinden. Das Öl in einem Schmortopf oder Bräter erhitzen und die Lammschulter darin bei mittlerer Hitze rundum anbraten. So viel Brühe angießen, dass das Fleisch bedeckt ist. Die Lammschulter knapp unter dem Siedepunkt 2 Stunden ziehen lassen. Den aufsteigenden Schaum abschöpfen.

2 Die Kartoffeln, die Karotte, den Knollensellerie und die Zwiebel schälen. Die Kartoffeln der Länge nach halbieren und quer in 1 cm dicke Scheiben schneiden. Die Karotte schräg in 1 cm dicke Scheiben schneiden. Den Sellerie und die Zwiebel in 1 bis 2 cm große Stücke schneiden.

3 Den Piment in ein Gewürzsäckchen füllen und mit dem Lorbeerblatt, dem Thymian, der Chilischote und dem Gemüse 20 Minuten vor Garzeitende in die Brühe geben. Kurz vor Ende der Garzeit Knoblauch und Zitronenschale dazugeben und einige Minuten in der Brühe ziehen lassen.

4 Die Lammschulter aus der Brühe nehmen, die Brühe durch ein feines Sieb gießen und mit Salz und Pfeffer abschmecken. Das Küchengarn entfernen und das Fleisch in Scheiben schneiden. Die Lammschulter mit dem Gemüse und etwas Brühe in vorgewärmten tiefen Tellern anrichten.

Tipp

Wenn Sie die Lammschulter lieber geschmort möchten, bereiten Sie sie auf die gleiche Weise zu wie die Lammhaxen. Die Lammschulter sollte dann etwa 2 1/2 Stunden bei 140 °C auf einem Gemüsebett schmoren. Sehr gut als Gemüse zu Lamm schmeckt auch Fenchel.

Geschmorte Lammkeule

1 Für die Lammkeule den Backofen auf 160°C vorheizen. Zwiebeln, Karotte und Petersilienwurzel schälen. Zwiebeln in Spalten, Karotte und Petersilienwurzel in Scheiben schneiden. Den Staudensellerie putzen, waschen und schräg in 1 cm breite Scheiben schneiden.

2 Die Lammkeule in einem Bräter im Öl bei mittlerer Hitze von allen Seiten anbraten und herausnehmen. Den Puderzucker auf den Bratensatz stäuben und hell karamellisieren. Das Tomatenmark kurz darin anrösten, mit dem Wein ablöschen und sirupartig einkochen lassen. Das Gemüse hinzufügen und die Brühe angießen. Die Lammkeule auf das Gemüse setzen und im vorgeheizten Ofen zugedeckt etwa 3 Stunden schmoren, dabei öfter mit dem Bratenfond begießen.

3 Nach 2¼ Stunden Garzeit das Lorbeerblatt hinzufügen. Kurz vor Ende der Garzeit den ungeschälten Knoblauch, die Zitronenschale und den Rosmarin dazugeben, einige Minuten im Bratenfond ziehen lassen und mit dem Lorbeerblatt wieder entfernen.

4 Zum Fertigstellen die Frühlingszwiebeln und die grünen Bohnen putzen, waschen und schräg in 1 cm breite Ringe bzw. in 1 cm breite Rauten schneiden. Getrennt in Salzwasser blanchieren, in Eiswasser abschrecken und auf einem Sieb abtropfen lassen.

5 Die Brühe mit Olivenöl, Knoblauch und Salbei in einer Pfanne erwärmen und die Frühlingszwiebeln und Bohnen darin schwenken.

6 Die Lammkeule in Scheiben schneiden und mit dem Schmorgemüse, dem Bohnengemüse und der Sauce auf vorgewärmten Tellern anrichten.

Zutaten für 4–6 Personen
Für die Lammkeule:

2 kleine Zwiebeln
1 Karotte
1 Petersilienwurzel
1 Stange Staudensellerie
1 Lammkeule (ca. 1 ½ kg; küchenfertig; mit Knochen)
2 EL Öl · 1 TL Puderzucker
1–2 TL Tomatenmark
150 ml Rotwein
400 ml Geflügelbrühe
1 Lorbeerblatt
½ Knoblauchzehe
1 Streifen unbehandelte Zitronenschale
1 kleiner Rosmarinzweig

Zum Fertigstellen:

2 Bund Frühlingszwiebeln
200 g breite grüne Bohnen
Salz · 50 ml Gemüsebrühe
1 EL Olivenöl
1 Scheibe Knoblauch
einige Salbeiblätter

Tipp

Sie können das Fleisch auch vor dem Garen vom Knochen lösen. Dann sollte das Fleisch aber mit Küchengarn gebunden werden, damit es sich anschließend leichter tranchieren lässt. Als Beilage zu Lamm passen ein Kartoffelgratin oder Rosmarinkartoffeln vom Blech.

Lammkarree mit Fenchelgemüse

Zutaten für 4 Personen
Für die Gratiniermasse:
150 g weiche Butter
1–2 TL schwarze Pfefferkörner
abgeriebene Schale von je 1 unbe-
handelten Zitrone und Orange
1 kleine gehackte Knoblauchzehe
getrockneter Oregano
1 EL gehackte Petersilie · Salz
30 g Weißbrotbrösel

Für das Lammkarree:
2 Lammkarrees
(küchenfertig; mit Knochen)
2 EL Öl
Salz · Pfeffer aus der Mühle

Für das Gemüse:
2 Fenchelknollen
300 g kleine Schalotten
3–4 kleine Karotten
1 Knoblauchzehe
1–2 EL Olivenöl
150 ml Gemüsebrühe
1 TL Fenchelsamen
1 Döschen Safranfäden
2 kleine getrocknete
rote Chilischoten · Salz

1 Für die Gratiniermasse die Butter schaumig rühren. Die Pfefferkörner im Mörser grob zerstoßen. Zitrusschalen, Knoblauch, Pfefferkörner, 1 Prise Oregano und Petersilie unterrühren und mit Salz abschmecken. Von der Kräuterbutter 2 EL abnehmen und beiseitestellen. Die Weißbrotbrösel unter die restliche Butter rühren und die Gratiniermasse bei Zimmertemperatur aufbewahren.

2 Für das Lammkarree den Backofen auf 100 °C vorheizen. Auf die mittlere Schiene ein Ofengitter und darunter ein Abtropfblech schieben. Die Rippenknochen der Lammkarrees mit einem kleinen Messer sorgfältig vom Fleisch befreien. Die Karrees in einer Pfanne im Öl bei mittlerer Hitze hell anbraten, aus der Pfanne nehmen, auf das Ofengitter legen und im Ofen etwa 35 Minuten rosa garen. Mit Salz und Pfeffer würzen.

3 Für das Gemüse die Fenchelknollen putzen, waschen, in knapp ½ cm dicke Scheiben schneiden und nochmals halbieren. Die Schalotten schälen und halbieren. Die Karotten schälen, längs halbieren und schräg in 2 bis 3 cm große Stücke schneiden. Den Knoblauch schälen und in dünne Scheiben schneiden.

4 Alle Gemüsesorten in einem Topf im Olivenöl bei milder Hitze andünsten. Die Gemüsebrühe angießen, Fenchelsamen, Knoblauch, Safran und Chilischoten hinzufügen, den Deckel auflegen und das Gemüse knapp unter dem Siedepunkt 20 bis 30 Minuten weich ziehen lassen, dabei ab und zu umrühren. Kurz vor dem Servieren die beiseitegestellte Kräuterbutter unterrühren und das Gemüse mit Salz abschmecken, die Chilischoten wieder entfernen.

5 Den Backofengrill einschalten. Das gegarte Fleisch mit der Gratiniermasse bestreichen, auf ein Backblech legen und auf der untersten Schiene im Backofen einige Minuten goldbraun überbacken. Die Lammkarrees in einzelne Koteletts schneiden und mit dem Fenchel-Safran-Gemüse auf vorgewärmten Tellern anrichten.

Hirschrücken mit Nudelfleckerln

Zutaten für 4 Personen
Für den Hirschrücken:

1 kg Hirschknochen
(vom Metzger klein gehackt)
200 g Knollensellerie · 1 Karotte
2 Zwiebeln · 1 TL Puderzucker
1 EL Tomatenmark
400 ml kräftiger Rotwein
50 ml roter Portwein
¾ l Geflügelbrühe
5 g getrocknete Pilze
je 1 Streifen unbehandelte
Zitronen- und Orangenschale
2 Lorbeerblätter
1 Scheibe Knoblauch
1 Scheibe Ingwer
5 angedrückte Wacholderbeeren
3 Pimentkörner · 2 cm Zimtrinde
1 Rosmarinzweig
Salz · Pfeffer aus der Mühle
3 EL Butter
600 g Hirschrückenfilet
(küchenfertig) · 2 EL Öl

Für die Nudelfleckerln:
250 g Mehl · 100 g Hartweizengrieß
1 Ei · 4 Eigelb · 2 EL Olivenöl
Salz · 250 g Rosenkohl
2 EL Butter · Pfeffer aus der Mühle
frisch geriebene Muskatnuss

1 Für den Hirschrücken den Backofen auf 200 °C vorheizen. Die Knochen auf einem Backblech im Ofen rundum 30 Minuten dunkelbraun rösten. Das Gemüse schälen und in 2 cm große Würfel schneiden.

2 Puderzucker in einem breiten Topf bei mittlerer Hitze hell karamellisieren. Tomatenmark unterrühren, kurz anrösten und mit der Hälfte des Weins und dem Portwein ablöschen. Sirupartig einköcheln lassen und den Vorgang mit dem restlichen Wein wiederholen. Gemüse, Knochen und Brühe dazugeben und bei milder Hitze knapp unter dem Siedepunkt etwa 1 Stunde garen. Nach 45 Minuten Pilze, Zitrusschalen, Lorbeerblätter, Knoblauch und Ingwer dazugeben.

3 Die Sauce durch ein feines Sieb gießen und auf etwa zwei Drittel einköcheln lassen. Wacholder, Piment, Zimt und Rosmarin dazugeben, einige Minuten in der Sauce ziehen lassen. Die Gewürze wieder entfernen, die Sauce mit Salz und Pfeffer würzen und die Butter darin schmelzen lassen.

4 Für die Nudelfleckerln Mehl, Grieß, Ei, Eigelbe, Olivenöl und 1 Prise Salz zu einem glatten, elastischen Teig verkneten. In Frischhaltefolie wickeln und im Kühlschrank 30 Minuten ruhen lassen. Mit der Nudelmaschine oder dem Nudelholz dünn ausrollen und in 3 cm breite Vierecke schneiden. Bis zur Weiterverwendung auf ein mit Grieß bestreutes Brett legen.

5 Rosenkohl putzen und die Blätter abzupfen. Die Blätter in Salzwasser bissfest blanchieren, kalt abschrecken und abtropfen lassen.

6 Den Backofen auf 120 °C vorheizen. Das Hirschfilet halbieren, salzen, pfeffern und im Öl rundum kurz anbraten. Auf dem Ofengitter mit untergeschobenem Abtropfblech im Ofen etwa 20 Minuten rosa garen.

7 Die Nudelfleckerln in siedendem Salzwasser garen, abgießen und in einer Pfanne in der Butter schwenken. Die Rosenkohlblätter dazugeben, erwärmen und mit Salz, Pfeffer und Muskatnuss würzen. Das Hirschfilet in Scheiben schneiden, mit Nudelfleckerln und Sauce servieren.

Rehbraten mit Perlzwiebeln

Zutaten für 4 Personen
Für das Fleisch:
1 Zwiebel · 1 kleine Karotte
120 g Knollensellerie
1,2 kg Rehfleisch (aus der Keule)
1 l Rotwein
4 EL Cognac
3 EL Öl
1 TL Puderzucker
1 EL Tomatenmark
300 ml kräftige Geflügelbrühe
1 Lorbeerblatt
5 Wacholderbeeren
1 TL schwarze Pfefferkörner
1 TL Pimentkörner

Für die Perlzwiebeln:
500 g Perlzwiebeln
1 TL Puderzucker
200 ml Portwein
1/8 l Geflügelbrühe
1 Lorbeerblatt

Zum Fertigstellen:
40 g kalte Butter
je 1 Streifen unbehandelte
Zitronen- und Orangenschale
1 EL Preiselbeeren (aus dem Glas)
1 roter Apfel
1 TL Puderzucker
2 EL Butter

1 Für die Beize das Gemüse schälen und in 1 cm große Würfel schneiden. Das Fleisch und das Gemüse mit Wein und Cognac begießen. 1 bis 2 Tage zugedeckt an einem kühlen Ort marinieren.

2 Zum Schmoren den Backofen auf 140°C vorheizen. Das Fleisch aus der Beize nehmen und trocken tupfen. Die Beize durch ein Sieb in einen kleinen Topf gießen, dabei das Gemüse auffangen. Die Beize langsam aufkochen lassen, den dabei aufsteigenden Schaum mit einem Schaumlöffel abschöpfen und den Topf vom Herd nehmen.

3 Das Fleisch in einem Bräter im Öl bei mittlerer Hitze rundum sanft anbraten und herausnehmen. Das Fett abgießen, den Puderzucker in den Bräter geben und karamellisieren. Tomatenmark dazugeben und kurz anrösten. Mit einem Viertel der Beize ablöschen, und die Flüssigkeit sirupartig einköcheln lassen. Die übrige Beize in drei Portionen dazugeben und ebenfalls einköcheln lassen. Das Gemüse hinzufügen, die Brühe dazugießen und den Rehbraten hineinlegen. Zugedeckt im vorgeheizten Ofen etwa 2 1/2 Stunden schmoren, dabei den Braten immer wieder wenden. 20 Minuten vor Garzeitende die Gewürze hinzufügen.

4 Die Perlzwiebeln schälen, dafür am besten vorher einige Zeit in Wasser legen. In einem Topf den Puderzucker karamellisieren, die Perlzwiebeln darin kurz anschwitzen. Mit der Hälfte des Portweins aufgießen und einköcheln lassen. Den restlichen Portwein hinzufügen, ebenfalls einköcheln lassen, dann die Brühe dazugießen und das Lorbeerblatt hineinlegen. Die Zwiebeln 30 bis 40 Minuten weich schmoren, das Lorbeerblatt danach wieder entfernen.

5 Zum Fertigstellen den Braten aus der Sauce nehmen, in Scheiben schneiden und warm stellen. Die Sauce durch ein Sieb streichen, das Gemüse dabei ausdrücken und die Gewürze entfernen. Die kalte Butter in die Sauce mixen und die Perlzwiebeln unterrühren. Die Zitrusschalen hinzufügen, einige Minuten ziehen lassen und entfernen. Die Preiselbeeren in die Sauce rühren, das Fleisch dazugeben und warm halten.

6 Den Apfel waschen, vierteln, entkernen und in schmale Spalten schneiden. In einer Pfanne den Puderzucker karamellisieren und den Apfel darin von beiden Seiten bräunen. Die Butter darin schmelzen lassen. Den Rehbraten mit Perlzwiebeln und karamellisierten Apfelspalten anrichten.

Rehschulter mit gebratener Birne

1 Für die Rehschulter die Zwiebel, die Karotte und den Knollensellerie schälen und in etwa 1 cm große Würfel schneiden. In einer Pfanne 1 EL Öl erhitzen und das Gemüse darin 2 bis 3 Minuten andünsten. Rehschulter waschen und trocken tupfen, Fett, grobe Sehnen und die Knochen entfernen. Das Fleisch mit Küchengarn zusammenbinden.

2 Das restliche Öl in einem Schmortopf erhitzen, das Fleisch darin bei mittlerer Hitze rundum leicht anbraten und wieder herausnehmen. Den Puderzucker in den Schmortopf stäuben und hell karamellisieren. Das Tomatenmark dazugeben und kurz mitrösten. Nach und nach mit je einem Drittel Rotwein ablöschen und jeweils sirupartig einköcheln lassen. Die Brühe angießen, das Gemüse in den Topf geben und den Rehbraten auf das Gemüse legen. Den Deckel so auflegen, dass ein Spalt offen bleibt. Das Rehfleisch knapp unter dem Siedepunkt etwa 2 ½ Stunden gar ziehen lassen, zwischendurch mehrmals wenden.

3 Den Braten aus der Sauce nehmen und warm stellen. Die Sauce durch ein Sieb in einen Topf gießen und das Gemüse dabei gut ausdrücken. Lorbeerblatt, Wacholderbeeren, Pfeffer und Piment in die Sauce geben und diese noch etwas einköcheln lassen. Die Speisestärke mit wenig kaltem Wasser glatt rühren, unter die Sauce rühren und 2 Minuten köcheln lassen. Den Knoblauch schälen und halbieren. Knoblauch mit Thymian, Zitronen- und Orangenschale sowie getrockneten Champignons in die Sauce geben und einige Minuten darin ziehen lassen. Durch ein Sieb streichen, die Butter unterrühren und die Sauce mit Salz und Pfeffer würzen.

4 Die Birne waschen, vierteln, das Kerngehäuse entfernen und das Fruchtfleisch in schmale Spalten schneiden. Piment und Pfeffer in eine Gewürzmühle füllen. Die Hälfte der Butter in einer Pfanne zerlassen und die Birnenspalten darin kurz anbraten. Das Lorbeerblatt und die Vanilleschote hinzufügen. Den Birnengeist sowie den Orangensaft dazugießen und etwas einköcheln lassen. Die restliche Butter auf die Birne geben und zerlassen. Mit Pfeffer und Piment aus der Mühle würzen. Mit dem Bratensaft der Birne die Rehsauce abschmecken.

5 Das Fleisch in Scheiben schneiden, zurück in die Sauce legen und erwärmen. Die Fleischscheiben mit der Sauce auf vorgewärmten Tellern anrichten und mit den gebratenen Birnenspalten garnieren.

Zutaten für 4 Personen
Für die Rehschulter:

1 Zwiebel
1 kleine Karotte
120 g Knollensellerie
2 EL Öl
1 Rehschulter (ca. 1,4 kg)
1–2 TL Puderzucker
1 EL Tomatenmark
300 ml kräftiger Rotwein
300 ml Geflügelbrühe
1 Lorbeerblatt
5 Wacholderbeeren
1 TL schwarze Pfefferkörner
1 TL Pimentkörner
1 TL Speisestärke
1 Knoblauchzehe
1 Thymianzweig
je 1 Streifen unbehandelte Zitronen- und Orangenschale
2 TL getrocknete Champignons
40 g kalte Butter
Salz · Pfeffer aus der Mühle

Für die Birne:
1 kleine reife, feste Birne
je 1 TL Piment- und schwarze Pfefferkörner
20 g kalte Butter
1 Lorbeerblatt
¼ ausgekratzte Vanilleschote
1 EL Birnengeist
Saft von ½ Orange

Wildschweinrücken auf sardische Art

Zutaten für 4 Personen

200 g kleine junge Zwiebeln
(ersatzweise Schalotten)
1 Bund kleine junge Karotten
(mit Grün)
150 g Knollensellerie
¼ Zimtrinde
2 Gewürznelken · 1 Sternanis
1 TL schwarze Pfefferkörner
1 TL Korianderkörner
1 TL ganzer Kümmel
800 g ausgelöster
Wildschweinrücken (küchenfertig)
Salz · 6 EL Olivenöl
60 g Backpflaumen
1 EL Puderzucker
1 TL Rotweinessig
1 Lorbeerblatt · gemahlener Zimt
60 g Rosinen · 200 ml Wildfond
10 g Zartbitterschokolade
4 Wacholderbeeren (angedrückt)
frisch geriebene Muskatnuss
80 g dünne Scheiben
durchwachsener Speck

1 Die Zwiebeln und Karotten schälen, das Grün der Karotten 2 cm über dem Stielansatz abschneiden. Den Sellerie schälen und in 2 cm große Würfel schneiden. Zimtrinde, Gewürznelken und den Sternanis in einem Mörser grob zerkleinern und mit Pfeffer- und Korianderkörnern und dem ganzen Kümmel in eine Gewürzmühle füllen. Den Backofen auf 100 °C vorheizen.

2 Wildschweinrücken waschen und trocken tupfen, salzen und aus der Mühle würzen. In einer Pfanne 3 EL Olivenöl erhitzen und das Fleisch darin rundum anbraten. Auf ein Ofengitter legen und ein Abtropfblech darunterschieben. Das Fleisch im Ofen 30 bis 40 Minuten rosa garen.

3 Die Backpflaumen halbieren. In einer Pfanne den Puderzucker hell karamellisieren. Das vorbereitete Gemüse und 2 EL Olivenöl hinzufügen, das Gemüse kurz andünsten und mit dem Rotweinessig ablöschen. Das Lorbeerblatt, 1 Prise gemahlenen Zimt, die Backpflaumen und die Rosinen dazugeben. Wildfond angießen und bei milder Hitze auf ein Drittel einkochen lassen. Die Schokolade mit den Wacholderbeeren einrühren, mit Salz und 1 Prise Muskatnuss abschmecken.

4 Die Speckscheiben vom harten Rand befreien, in Streifen schneiden. Mit dem restlichen Olivenöl in einer Pfanne knusprig braten. Auf Küchenpapier abtropfen lassen.

5 Den Wildschweinrücken schräg in dünne Scheiben schneiden. Das Gemüse und die Backpflaumen mit der Sauce auf vorgewärmte Tellern verteilen. Die Fleischscheiben darauf anrichten und die Speckstreifen darüberlegen. Dazu passen Ciabatta oder Weißbrot, aber auch, wenn's richtig italienisch sein soll, Gnocchi.

Wildschweinbraten in Rotweinsauce

Zutaten für 4 Personen

3 Zwiebeln · 1 Karotte
2 Stangen Staudensellerie
1,2 kg Wildschweinschulter
(küchenfertig) · 1–2 EL Öl
1 EL Tomatenmark
300 ml Chianti classico
(ital. Rotwein)
¾ l Geflügelbrühe
je 1 TL Wacholderbeeren,
schwarze Pfefferkörner und
Fenchelsamen
½ TL Pimentkörner
1 Lorbeerblatt
2 EL getrocknete Champignons
1 Streifen unbehandelte
Orangenschale · 1 Scheibe Ingwer
1 Knoblauchzehe (geschält und
halbiert) · 1 Rosmarinzweig
½ TL zerbröckelte
Zartbitterschokolade
Salz · Pfeffer aus der Mühle

1 Die Zwiebeln und die Karotte schälen, den Staudensellerie putzen und waschen. Alle Gemüsesorten in 1 bis 1½ cm große Stücke schneiden.

2 Den Backofen auf 150°C vorheizen. Die Wildschweinschulter in einem Bräter im Öl bei mittlerer Hitze von allen Seiten anbraten und herausnehmen. Das Gemüse im Bräter glasig andünsten, das Tomatenmark unterrühren und kurz anrösten. Nach und nach mit je einem Drittel Rotwein ablöschen und jeweils sämig einköcheln lassen. Die Geflügelbrühe angießen und die Wildscheinschulter zurück in den Bräter geben. Das Fleisch im vorgeheizten Ofen auf der mittleren Schiene zugedeckt 2 bis 2½ Stunden weich schmoren.

3 Nach 2 Stunden die Wacholderbeeren, die Pfeffer-, Fenchel- und Pimentkörner, das Lorbeerblatt und die Champignons dazugeben.

4 Am Ende der Garzeit den Braten herausnehmen, die Sauce durch ein Sieb gießen, dabei das Gemüse leicht ausdrücken. Die Sauce etwas einköcheln lassen, Orangenschale, Ingwer, Knoblauch und Rosmarin dazugeben, einige Minuten in der Sauce ziehen lassen und wieder entfernen. Die Schokolade unterrühren und schmelzen lassen, die Sauce mit Salz und Pfeffer abschmecken. Den Braten in Scheiben schneiden und mit der Sauce auf vorgewärmten Tellern anrichten.

Tipp

Zu dem Wildschweinbraten passt ein Apfel-Kartoffel-Püree. Dafür 1 kg mehligkochende Kartoffeln in Salzwasser mit etwas ganzem Kümmel weich kochen, schälen und noch warm durch die Kartoffelpresse drücken. Mit ½ l heißer Milch in einem Topf verrühren. 2 EL kalte Butter, 1 EL Apfelmus und 1 in möglichst kleine Würfel geschnittenen Apfel unterrühren. Das Püree mit Salz und Muskatnuss würzen.

Wildhasenkeule in Balsamicosauce

1 Für die Hasenkeule Zwiebel, Karotte und Knollensellerie schälen und in etwa 2 cm große Stücke schneiden. Das Öl in einem breiten Topf erhitzen, die Hasenkeulen darin rundum kurz anbraten und wieder herausnehmen.

2 Das Gemüse in den Topf geben, mit Puderzucker bestäuben und bei milder Hitze andünsten. Das Tomatenmark unterrühren, kurz anrösten und mit einem Drittel des Rotweins ablöschen. Sirupartig einköcheln lassen und den Vorgang mit dem restlichen Wein zweimal wiederholen. Die Keulen wieder in den Topf geben und mit so viel Brühe aufgießen, dass die Keulen gut bedeckt sind. Den Deckel so aufsetzen, dass ein Spalt offen bleibt, und das Fleisch knapp unter dem Siedepunkt etwa 2 Stunden weich schmoren.

3 Etwa 20 Minuten vor Ende der Garzeit das Lorbeerblatt, die Pfeffer- und Pimentkörner, die Wacholderbeeren, den Sternanis und den Zimt hinzufügen. Zum Schluss die Zitronen- und Orangenschale, den Thymian, den Ingwer und den Knoblauch dazugeben, einige Minuten in der Sauce ziehen lassen und wieder entfernen.

4 Die Hasenkeulen herausnehmen und warm halten. Die Sauce mit dem Gemüse durch ein Sieb gießen, dabei das Gemüse gut ausdrücken. Die Sauce eventuell etwas einköcheln lassen und mit Salz, Pfeffer und Essig abschmecken.

5 Für die Pilze die Schalotten schälen und in kleine Würfel schneiden. Die Steinpilze putzen, trocken abreiben, nicht waschen, und in Scheiben schneiden. Die Butter in einer Pfanne zerlassen und die Schalottenwürfel darin bei milder Hitze glasig andünsten. Die Pilze hinzufügen und einige Minuten mitbraten. Mit Salz und Pfeffer würzen und die Petersilie untermischen. Die Hasenkeulen mit den Steinpilzen und der Sauce anrichten. Dazu passt ein Kartoffelgratin.

Zutaten für 4 Personen
Für die Hasenkeule:

1 Zwiebel · 1 Karotte
120 g Knollensellerie
1–2 EL Öl
4 Wildhasenkeulen (küchenfertig)
1–2 TL Puderzucker
1 EL Tomatenmark
300 ml Rotwein · $\frac{1}{2}$ l Geflügelbrühe
1 Lorbeerblatt
$\frac{1}{2}$ TL schwarze Pfefferkörner
5 Pimentkörner
5 Wacholderbeeren (angedrückt)
1 Zacken Sternanis
1 Splitter Zimtrinde
je 1 Streifen unbehandelte
Zitronen- und Orangenschale
1 Thymianzweig
1 Scheibe Ingwer · 1 Knoblauch-
zehe (geschält und halbiert)
Salz · Pfeffer aus der Mühle
1 EL milder Aceto balsamico

Für die Pilze:
2 Schalotten
400 g Steinpilze · 1 EL Butter
Salz · Pfeffer aus der Mühle
1 EL gehackte Petersilie

Bildnachweis

Umschlagfotos:

Jana Liebenstein: Porträtfoto Vorderseite; Susie Eising: Foodfotos Vorder- und Rückseite

Innenteil:

Walter Cimbal: 4 oben l. und unten r., 7, 25, 61, 81; Susie Eising: 4 unten links, 17, 33, 45, 75; Jo Kirchherr: 9, 53; Andrea Kramp und Bernd Gölling: 4 oben r., 21, 65, 79; Christian R. Schulz: 13, 29, 37, 41, 49, 57, 69, 73, 85; StockFood/Roland Krieg: 7